しごとの「強化」書

成果志向の行政経営

広島県マネジメント研究会 編著

広島県知事 湯﨑英彦 監修

ぎょうせい

はじめに

　16年ぶりの知事交代。それから間もなく，知事室に入った私が，「職員全員で，ミッション・ステートメントをつくってみてはどうでしょうか」と湯﨑さんからの示唆を受けたのは，平成21年12月のことでした。しかし，その時の私は，この示唆の真の意味を理解することができませんでした。「県や県職員の役割は，地方自治法や地方公務員法で定められていますが…」と答えたのを覚えています。その日から，文献やインターネットにあたり，大学の研究室を訪ねて教えを乞い，「それって何？」と訝る同僚たちと議論し，職員の意見を集約し，また議論し…およそ4か月の産みの苦しみを経て，ミッション・ステートメント「広島県職員の行動理念」は，その姿を現しました。

　しかし，それは始まりに過ぎませんでした。施策目標の明確化，事業戦略策定において次々問いかけられる「戦略的思考」「マーケティング戦略」「課題の構造化」「仮説思考」「PDCAサイクル」「目標管理・評価システム」や「経営資源マネジメント手法」の構築…それまでの県庁の「辞書」では見ることのなかった思考法や経営学の理論を紐解き，行政の現場に適応させて形にするめまぐるしい日々が続くことになったのです。

　行動理念の策定から6年，この間に，広島県の行政経営の仕組みや仕事の進め方は，大きく変貌を遂げました。様々な分野で，新しい取組も導入しましたが，一貫してその底流を流れているのは，"徹底的に成果を志向する"ということです。そして，実は，この成果志向に向けた改革は，ますます"深化"しながら現在進行形で続いています。

　今，かつてないスピードで人口減少が進行し，東京一極集中が加速化し，またグローバル化の新たな局面も到来する中，地方自治体は，程度の差こそあれ，経営資源の制約と向き合い，改革を断行し，激化する競争に打ち勝ち，魅力的で個性あふれる地方を創生していかなければ，生き残っていくことができません。そのために，"成果にこだわり続けること"がいかに重要であるか…。それは言うまでもありません。

　本書では，広島県が試行錯誤して進めてきた"成果志向の行政経営"に向けた

はじめに

取組を，体系的に，実際の具体的な事例を交えながら，わかりやすく紹介します。広島県職員にとっては，日々の仕事の"教科書"として手元に置きたい１冊に，そして，今まさに行政の現場で悩んだり挑戦している方々にとっては様々なヒントが得られ，経営学を学んだり，公務員を目指す学生の皆さんにも，参考にしていただけるものとなっていると思います。

この本が，一人でも多くの方に活用され，広島県内で，あるいは遠く離れたどこかの地域で，力強く，かつしなやかな行政経営の構築に向けた新たな取組が始まることを祈っています。

平成 28 年 7 月

広島県マネジメント研究会代表

広島県経営戦略審議官　　伊 達 英 一

目　次

はじめに

序章　成果志向の行政経営

第1節　行政とは何か……………………………………………………… 3
1　行政の定義／3
2　法による行政／3
3　国家的・公共的任務／4
4　自己のイニシアティブ・形成的活動／4
5　ミニマムを保障する／5
6　法益を守る／6
7　地域に変化を起こし地域の価値を向上させる／6
8　行政の目的／7

第2節　行政マネジメントの変革がなぜ必要か………………………… 8
1　行政機関と民間企業比較／8
2　行政マネジメント変革の必要性／18

第3節　行政マネジメントをどう変革すべきか～課題と解決策の仮説 ……… 20
1　事業推進上の課題／20
2　組織・人事上の課題／21
3　住民との関係構築上の課題／21

第1章　ミッション・バリューとビジョン

第1節　ミッションとバリュー…………………………………………… 24
1　ミッションとバリューとは／24
2　地方自治体における経営理念／25
3　地方自治体におけるミッションとバリューの意義／26

第2節　ビジョン……………………………………………………………… 34
　　1　ビジョン／34
　　2　目指すべき将来の姿と現実のギャップ／40
　　3　ワーク（戦略的事業単位）の設定／41

第2章　戦略の策定

第1節　戦略策定の基本プロセス………………………………………… 60
　　1　戦略とは何か／60
　　2　戦略策定の基本ステップ／61
　　3　目的（領域，目標）の設定［第1ステップ］／62
　　4　内外の現状分析［第2ステップ］／65
　　5　問題の構造化と課題の抽出［第3ステップ］／66
　　6　解決策の仮説の構築［第4ステップ］／69
　　7　実行計画のまとめ上げ［第5ステップ］／71
第2節　フレームワークの活用……………………………………………… 73
　　1　概要／73
　　2　環境分析フレームワーク／74
　　3　全社戦略フレームワーク／80
　　4　事業戦略フレームワーク／84
　　5　マーケティング戦略／98
第3節　戦略の実行とレビュー…………………………………………… 109
　　1　戦略策定がゴールラインではない／109
　　2　地方自治法等における点検／109
　　3　年度終了時のみの点検による弊害／110
　　4　N年度の執行状況をモニタリングする／111
　　5　執行モニタリングのポイント／113

目次

第3章　組織マネジメント

第1節　官僚制の機能と逆機能……………………………………………………122
1　官僚制／122
2　官僚制の構成要件／123
3　官僚制の機能と副産物／123
4　官僚制の逆機能／124

第2節　地方自治体の組織問題……………………………………………………126
1　組織の基本構造／126
2　地方自治体の組織構造／128
3　地方自治体の組織上の問題点／129

第3節　組織運営……………………………………………………………………139
1　トップマネジメントとミドルマネジメント／139
2　地方自治体における組織運営／140

第4節　組織文化……………………………………………………………………143
1　組織文化とは／143
2　組織文化と経営戦略／144
3　経営理念の体現と浸透／145
4　地方自治体における経営理念の体現／146

第5節　組織の中の人間行動………………………………………………………149
1　モチベーション／149
2　価値アラインメントシステム／150

第4章　人材マネジメント

第1節　人材マネジメント戦略（総括）…………………………………………154
1　人材マネジメントの必要性／154
2　人材ポートフォリオを前提とした人材の確保と育成／156
3　ミッション・バリューと人材マネジメントの整合性／158
4　地方自治体における人材マネジメント変革の実践／159

目次

- 第2節 **人事評価・給与制度** ………………………………………… 163
  - 1 人事評価とは／163
  - 2 給与制度とは／173
- 第3節 **採用・人事異動** ……………………………………………… 177
  - 1 人材フローマネジメントとは／177
  - 2 人員配置とは／178
  - 3 採用とは／179
- 第4節 **人材育成** ……………………………………………………… 185
  - 1 能力開発とキャリア開発／185

第5章 財務マネジメント

- 第1節 **地方自治体の財政運営** ……………………………………… 192
  - 1 地方自治体の予算／192
  - 2 決算／195
  - 3 新たな公会計制度／196
  - 4 財政の健全化／200
- 第2節 **新たな財務マネジメントの視点** …………………………… 204
  - 1 管理会計／204
  - 2 コスト評価／207
  - 3 経営資源の適正配分／211
  - 4 資金調達／215

第6章 広報とコミュニケーション

- 第1節 **戦略的広報** …………………………………………………… 220
  - 1 広報とは何か／220
  - 2 地方自治体における広報の重要性／221
  - 3 広報活動のプロセス／223
  - 4 広報の優先順位付け／224

         5　メッセージコントロール／227
         6　イメージの統一化／234
　　第2節　メディア戦略……………………………………………… 237
         1　定例会見／237
         2　首都圏広報／238
         3　広報媒体の拡充・強化／241
　　第3節　コミュニケーション……………………………………… 246
         1　県政コミュニケーションの充実／246
         2　広報効果の確認と県民ニーズの把握／248

おわりに／252
索引／253

序章
成果志向の行政経営

第1節　行政とは何か
第2節　行政マネジメントの変革がなぜ必要か
第3節　行政マネジメントをどう変革すべきか〜課題と解決策の仮説

Point

▶ 民間企業の目的は、顧客価値の創出にある。一方、行政の目的は、社会的価値の創出にあり、これは、①住民のミニマムを保障すること②住民の法益を守ること③地域に変化を起こし地域の価値を創造することから成る。

▶ 行政の目的である社会的価値の創出は、経済、政治、社会、文化などの状況に応じて様々であるので、結果として、行政活動が漫然と行われ、リソースの集中投入ができない場合がある。社会的価値を測る数量的な指標を設定することには、困難を伴うことが多く、また、社会的価値の受益に負担を一致させることが不可能な領域が多い。

▶ 民間企業では、売上がすべてであり、顧客の満足を得られない場合、売上を伸ばすため顧客を満足させるように絶えず努力する仕組みがある。一方、行政機関は、サービスの対価として税金を徴収するのではないため、顧客（住民）を満足させなくても税金を強制徴収することができる。そのため、顧客（住民）を満足させなくても倒産することはなく、顧客満足度を向上させる動機が失われる危険性がある。競合他社がないため事業戦略に優位性を構築できず、漫然と過去の経験に引きずられ、あるいはリスク回避の保守的な環境のもと、イノベーションが起きにくい環境が生まれやすい。

▶ このために、行政職員の使命、価値観、行動基準から成る行動理念を定め、目指すべき姿を表すビジョンを策定し、戦略的に成果を志向する仕組みを確立する必要がある。この仕組みとは、戦略の策定、目標達成へ向けての実行とレビュー、住民とのコミュニケーションや施策の効果を高めるマーケティング、最適な組織マネジメント、的確な人材マネジメントや財務マネジメントであり、民間の経営手法に習い行政独自の方法論を確立する必要がある。

第1節　行政とは何か

1　行政の定義

　県行政の運営に民間企業の経営手法を導入しようとすると，行政内部から，必ずこういう声が上がる。「行政と民間企業は違う」と。では，何が違うのか，あるいは行政とは何かと問うと，明快な答えは返ってこない。「民間企業は利潤を追求する。県行政は公共・公益事業を行っている。だから違う」と。さて，行政と民間企業は何が違うのだろうか。行政とは何か。

　行政は，国家作用の一部門として，立法及び司法とともに，歴史的に発展してきたものとし，単に立法，司法以外の国家作用であると，消極的に定義される場合がある。一方，近代的行政は，法のもとに法の規制を受けながら，現実具体的に国家目的の積極的実現をめざして行われる全体として統一性をもった継続的な形成的国家活動であるとし，また，国家の目的とは，社会全体を向上発展させ，人民の福祉の実現を図ることであると積極的に定義する立場がある[1]。

　すなわち，行政とは，法のもとで法の制限を受けながら，国家的・公共的任務を現実具体的に執行し，又は自ら設定した目的を自己のイニシアティブにより，計画，規制，誘導，指導等の方法で実現する多様な行政主体による形成活動である[2]。

2　法による行政

　「法のもとで法の規制を受けながら」とは，近代の自由主義，民主主義の理念に基づき，国民が参政する議会が定立した法律のもとに行政を行わせるという意味である。国民主権の理念に基づき成立した法律により行政は執行されるべきものとされる。具体的な意義としては，一般に国民の権利又は自由を侵害する行政作用については，必ず法律の根拠を必要とされる。一方，行政活動は多岐にわたるため，すべての活動に法の根拠が必要であるとの解釈はとられて

1　田中二郎［1974］「行政法上巻」弘文堂
2　成田頼明他［1994］「現代行政法」有斐閣

いない[3]。行政は規制，奨励，給付など多様な活動形態をとるため，例えば多様な給付行政のすべてについて法を必要とするならば，多くの行政活動がストップしてしまうことになりかねないからである。

3　国家的・公共的任務

「国家目的の実現」「国家的・公共的任務」とは，社会全体を向上発展させ，人民の福祉の実現を図り[4]，「公共の利益」を実現することに他ならないが，その意味，内容は一義的ではない。まず，①人間社会全体の利害の調整を意味する場合や社会的弱者の保護を意味する場合，次に，②法的に保護すべき価値を持つ利益，すなわち，住民の生命，身体，名誉，安全，健康，自由，財産，環境などの利益の保護を意味する場合，最後に，③多くの人の利益になる事業の経営やサービスの提供を意味する場合がある[5]。公共的任務とは国家からの伝来的な考え方から国家的任務とは別の地方自治行政を示す概念で，地方自治行政に関して言えば，地方自治法第1条の2が「住民の福祉の増進」という表現を用い，地方自治行政の目的が「公共の利益」にあることを同意義に規定している。

4　自己のイニシアティブ・形成的活動

「自己のイニシアティブによる活動」とは，行政目的を法律や政治によって他律的に設定されるのではなく，社会経済的条件の変化に応じて，基本方針，計画などを通じて自らの目標を設定し，規制，誘導，指導など多角的な行政手段を目標の実現に向けてプログラム化し，自己のイニシアティブでこれを遂行することである。「形成的活動」とは，社会生活，国民生活を将来に向けて積極的に形成する活動を示す。国家が，自由放任主義を建前とする古典的自由主義から福祉国家観を標榜するに至り，現代の行政の責務は，社会経済，文化生活の状況に応じて，継続的に将来に向けてより良い社会，経済，文化生活の秩

3　成田頼明他［1994］「現代行政法」有斐閣
4　田中二郎［1974］「行政法上巻」弘文堂
5　成田頼明他［1994］「現代行政法」有斐閣

序を積極的に創出するために，規制，計画，誘導，調整し，人間としての生存を確保するための各種サービスを提供することとされている[6]。「継続的に将来に向けてより良い社会，経済，文化生活の秩序を積極的に創出する」を言い換えれば，「社会的価値を創出する」ということに他ならず，これが行政の目的であるといえる。

5 ミニマムを保障する

では，「公共の利益」「住民の福祉の増進」，すなわち「社会的価値の創出」を分解してみよう。まず，「社会的価値の創出」が，3－①人間社会全体の利害の調整を意味する場合や社会的弱者の保護を意味する場合を考えてみよう。自由主義社会では，まずは自由な経済活動を認め，そのような自由な市場の機能は社会を豊かにするという考え方をとる。しかし，結果として我々の生活に好ましくない状態が生じる場合がある。このような現象を「市場の失敗」と呼ぶ。その代表的な例は，地球温暖化やオゾン層の破壊，あるいは大気汚染や水質汚濁などの環境破壊問題である。次に，市場機能だけではうまくいかない大きな問題が，所得配分の問題である。自由な経済活動の結果，どうしても富む者と貧しい者が生まれ，社会的な不安定の原因となる。また，市場での相互作用の問題として，ミクロレベルあるいは個々の立場では正しいと考えられることが，経済全体では正しくないという現象が生ずることがあり，このことを「合成の誤謬」という。例えば，すべての人が貯蓄を増やそうとすると結果として消費を減らすことになり，消費の減少は需要の減少につながり，景気の悪化を招く。景気の悪化は失業の増加や企業の利潤を低下させるため，所得は伸びず，貯蓄を減らす結果を招く[7]。これが「合成の誤謬」である。

このような環境破壊，失業，生活の困窮，あるいは景気悪化などの社会問題に対して，改善や是正を図るために，すなわち「社会的価値の創出」のために，行政は，環境規制，失業対策，生活保護，景気浮揚のための経済対策などの手を打っていくこととなる。このことが法令やそれに基づく制度に高められ

6　成田頼明他［1994］「現代行政法」有斐閣
7　伊藤元重［2015］「入門経済学」日本評論社

ている場合もあり，生存権としての保護を受け，制度的な保障としてのミニマム，すなわち国民，住民の最低限の水準の保証がなされることとなる。社会的価値の創出を目的とする行政の機能の第1は，自由主義社会のもと，市場の失敗や合成の誤謬などから派生する社会問題に対応し，住民のミニマムを保障することである。

6 法益を守る

次に，「社会的価値」が，3-②法的に保護すべき価値を持つ利益，すなわち，住民の生命，身体，名誉，安全，健康，自由，財産，環境などの利益の保護を意味する場合がある。自由権的な権利，法令に定める社会権的な権利を守ることの他，行政が諸活動の中で事実行為も含めて住民を守ることを意味している。その一例としては，犯罪の予防，犯罪捜査，被疑者の逮捕，交通取り締まり，都市計画や開発規制，環境規制，保健衛生規制などの警察行政，消防，災害を防止するための河川・砂防などのインフラ整備，防災減災活動の促進，緊急時の災害対策などの防災減災行政，教育を受ける権利を保障する学校教育・社会教育などを中心とした教育行政，消費者保護を目的とした消費者行政，労働関係を規制，調整する労働行政など多岐にわたっている。行政の機能の第2は，住民の法益を守ることである。

7 地域に変化を起こし地域の価値を向上させる

最後に，3-③多くの人の利益になる事業の経営やサービスの提供を意味する場合について考えてみよう。行政も民間企業と同じように，財やサービスを住民に提供する。民間企業は，提供する顧客に満足してもらい提供に値する対価を得て，利潤をあげている。これに対して，行政から財やサービスの提供を受ける受益者である住民は，その対価（税）を支払う住民とは必ずしも一致しない。直接の受益者を含め，対価（税）を支払う住民に，その財とサービスを提供する仕組みや活動が，地域に変化を起こし，地域の価値を向上させるものと認められて初めて，社会的価値を創出しているといえる。

例えば，現代社会は，既に人口減少社会に突入しているが，この問題を克服

し，社会の活力を維持・向上させる環境づくりが行政機関の大きな課題となっている。そのため，経済を活性化すること，地域を活性化すること，人口の社会減を防止し，自然減を抑制すること，子育てしやすい環境づくりや女性が輝く社会をつくることが喫緊の課題となっている。こうした地域に変化を起こし，地域の価値を向上させることが行政の第3の機能である。

8　行政の目的

以上をまとめると行政の目的は，図表序-1のとおりである。行政は，民主主義，国民主権の理念から法の支配を受けながら，右欄に掲げる手法を事実行為も含めて複合的に用いてその目的を実現すべく，役割を果たしている。

図表序-1　行政の目的

```
社会的価値の創出＝公共の利益の実現，住民の福祉の増進

┌─────────────────────┐
│ 住民のミニマムを保障する │
├─────────────────────┤         【手法】
│ 住民の法益を守る        │  ←   経済的手法
├─────────────────────┤         法的手法
│ 地域に変化を起こし      │         計画的手法
│ 地域の価値を創造する    │
└─────────────────────┘
```

経済的手法とは，代表的には予算の調製，扶助，補助金などの給付行政，請負や委任など契約の締結と履行，更には財政出動による景気対策などを意味する。法的手法とは，厳密には行政自身に許されるものとしての命令，規則などの制定（行政立法），法に基づく行政行為，行政指導など，であるが法案や条例案の提出が，内閣や地方自治体の首長に認められていることも含む広い概念としてとらえる必要がある。計画的手法とは，地方自治体の総合計画や個別の分野計画の策定と実行による形成的な行為である。

第2節　行政マネジメントの変革がなぜ必要か

1　行政機関と民間企業比較

　行政の定義を踏まえ，行政機関と民間企業の属性を整理し，比較したものが図表序-2である。地方自治体を想定し，行政機関とは，その代表機関（行政庁）にその補助機関を含め一体的にとらえている。民間企業は，主に株式会社を想定している。

図表序-2　行政機関と民間企業

項目	行政機関	民間企業
性格	統治団体（行政機関は，公選の代表者とその補助機関）	営利団体
目的	社会的価値の創出	営利追求，顧客価値の創出
規模	基本的に大きい	大小が混在
業務	総合的	単一から総合的まで選択可能
顧客	住民（法人を含む）	財やサービスの購入者
原資	基本は税金。その他使用料・手数料，起債など	売上金，株式，社債など
原資負担	顧客である住民（法人を含む）だが，基本的に受益者負担ではない	顧客である購入者で，受益者負担
永続性	廃業しない	廃業の可能性がある
競争性	しばしば独占的性格	市場での競争
代替性	他組織の代替は比較的困難	他組織の代替は比較的容易
柔軟性	細かい規則や予算の制約により柔軟性に欠ける	最小限の規則により自主性に任される
団体構成	区域，住民（法人を含む）（選挙権を有する者とは一致しない）	株主
代表者	首長（公選）	代表取締役
代表者の権限	多領域にわたり規模も大きい	領域と規模は限られている

代表者以外の機関	議会（公選）	株主総会，取締役会
代表者を選ぶ人々	住民（選挙権を有する者）	株主総会⇒取締役⇒取締役会⇒代表取締役
代表者によるマネジメントの対象	補助機関で構成される執行組織と住民，地域	株主，従業員を含む経営体

（出典）島田智明・瓜生原葉子・湯﨑英彦［2013］「自治体の経営：広島県庁の事例研究」『国民経済雑誌207号』，西尾勝［1993］「行政学」有斐閣[8]を参考に筆者が作成（以下の記述も同じ）

(1) **性格**

　地方自治体は法人である（自治法§2①）。その法人の構成要素は，区域，住民，法人格とされている[9]。その法人の権能を執行する機関として首長が住民に選ばれ（憲法§93②），補助機関（行政職員）を選任し業務を割り振り，行政機関として活動する。一方，民主的構造を保証するため議決機関として議会が置かれている（憲法§93①）。法人としての地方自治体は，その財産を管理し，事務を執行し，及び行政を執行する権能を有し，法律の範囲内で条例を制定することができる（憲法§94）とされ，いわゆる統治法人であることが定められている。民間企業は，いわゆる個人経営も含めて概念が広いが，代表的に想定している株式会社は，営利を目的とする社団であり，法人であり（会社法§3），設立は任意である[10]。機関としては株主総会，取締役会，代表取締役などが置かれ（会社法§295，329，349），機関相互の権限が配分されている。この行政機関と民間企業の違いは，それぞれが独自に社会的機能を果たし発展してきたことの結果によるものである。

8　西尾勝［1993］「行政学」有斐閣
9　宇賀克也［2015］「地方自治法概説」有斐閣
10　丸山秀平［2003］「株式会社法概論」中央経済社

(2) 目的

　行政機関の目的は社会的価値の創出にあり，民間企業の目的は，最近の傾向として社会的価値の創出と一体的に営利を求める企業も増加しているが，基本は営利の追求，顧客価値の創出である。社会的価値は，経済，政治，社会，文化などの状況に応じて様々であるので，行政活動が総花的に漫然と行われたり，経営資源（リソース）が集中的に投入されず，個々の案件に少しずつ投入するような過ちを犯す危険性を内包している。また，社会的価値を測る数量的な指標を設定することに困難を伴うことが多い。更に，個々の社会的価値の受益に対してその負担を一致させることが不可能な領域が多い。この仕組みは，福祉国家観のもとでの不等価交換制度と説明されている[11]。

(3) 規模

　行政機関は，住民に対して広範囲にわたる行政サービスを提供する機関であるので，最小限必要な機能を備えるだけでも基本的に規模はある程度大きくなる。一方，民間企業は，数で国内企業の99.7％を占める中小企業[12]から国際的に活躍する大企業まで様々な形態が混在する。組織構造としては，一般的に規模が大きくなればなるほど，階層構造ができ，内部的な取決めによる管理が行われ，それに伴い，没人格的になる。また，多重的な組織階層のもとでは，マネジメントも広範囲で，複雑になり全庁一丸体制を築きにくい。

(4) 業務

　地方自治体の業務に関して言えば，地方自治法に「住民の福祉増進」を目的とし（§1の2①），地域における事務，その他の事務で法令により処理することとされている事務を処理する（§2②）と定められている。その上で，市町村は基礎的な自治体として事務を処理し（§2③），都道府県は市町村を包括する広域の地方自治体として，広域事務，連絡調整事務，補完事

11　西尾勝［1993］「行政学」有斐閣
12　中小企業庁［2015版］「中小企業白書」

務を処理すると定められている（§2⑤）。更に，地方自治体の事務は，自治事務と法定受託事務とし，法定受託事務を法定することで自治事務をその他とし，控除方式で定義している（§2⑧⑨）。従って何が地方自治体の業務かを明示することは意外に難しいが，幅広い領域にわたる基本的な法律を示すことで，その中核や外延に存在する業務を間接的に示したものが図表序-3である。その分野における具体的な業務は目的，目標，内外の環境分析などを通じて綿密に対象領域を設定していくことになる。

図表序-3　県行政の領域

部局	業務領域	主な法領域
会計部門	会計，出納，物品管理	地方自治法
危機管理部門	防災，危機管理，消防，保安	災害対策基本法，地震防災対策法，国民保護法，電波法，消防組織法，消防法，高圧ガス保安法，石油コンビナート災害防止法，火薬類取締法
総務部門	文書管理，個人情報保護，公益法人，人事・福利厚生，研修，財政，税務，財産管理	公文書館法，個人情報保護法，民法，行政書士法，地方公務員法，地方財政法，地方交付税法，地方税法，地方自治法
企画部門	戦略企画，地方分権，広報，統計	統計法，地方分権一括法，地方自治法
地域振興部門	過疎・中山間振興，地域振興，市町村行財政，交通，国際，土地利用，選挙	離島振興法，過疎法，半島振興法，地方自治法，地方財政法，地方交付税法，住民基本台帳法，運輸事業助成法，旅券法，国土調査法，国土利用計画法，公職選挙法
県民生活部門	文化芸術，消費生活，人権，男女共同参画，NPO，県民活動，交通安全	博物館法，家庭用品品質表示法，不当景品表示防止法，消費生活用製品安全法，消費生活協同組合法，割賦販売法，男女共同参画基本法，特定非営利活動促進法，交通安全対策基本法，宗教法人法
環境部門	環境一般，大気・水質・騒音，環境評価，景観，廃棄物，生活衛生，自然保護	環境基本法，地球温暖化対策推進法，公害紛争処理法，大気汚染防止法，水質汚濁防止法，瀬戸内海環境保全法，特定化学物質法，土壌汚染対策法，騒音規制法，振動規制法，悪臭防止法，環境影響評価法，景観法，廃棄物処理法，容器包装リサイクル法，ダイオキシン法，浄化槽法，自然保護法，生物多様性法

部門	分野	関連法令
医療介護部門	医療介護, 介護保険, 国民保険, 感染症, 健康・栄養, 精神保健, 母子保健	医療法, 医師法, 歯科医師法, 保健師助産師看護師法, 歯科衛生士法, 臓器移植法, がん対策基本法, 介護保険法, 国民健康保険法, 感染症予防法, 健康増進法, 精神保健法, 母子保健法
衛生部門	生活衛生, 食品衛生, 動物愛護, 薬事	旅館業法, 興行場法, 公衆浴場法, 理容師法, 美容師法, クリーニング業法, 水道法, 食品衛生法, 食鳥処理法, 動物愛護法, 薬機法, 薬剤師法, 麻薬取締法, あへん法, 大麻取締法, 覚せい剤取締法, 温泉法, 血液法, 毒物劇物取締法
福祉部門	子育て・保育, 家庭, 児童虐待, 婦人保護, 母子寡婦, 原爆被爆者, 戦傷病者, 社会福祉, 高齢者福祉, 障害者福祉, 生活保護, 災害救助	次世代育成支援法, 子ども・子育て支援法, 児童福祉法, 児童手当法, 児童扶養手当法, 児童虐待防止法, 売春防止法, DV防止法, 母子寡婦法, 被爆者援護法, 遺族弔慰金法, 社会福祉法, 民生委員法, 老人福祉法, 障害者総合支援法, 生活保護法, 災害救助法, 被災者生活再建支援法
商工労働部門	中小企業, 商業, 産業振興, 観光, 雇用労働, 職業訓練, 運輸	中小企業基本法, 中小企業組合法, 中小企業団体組織法, 商店街振興組合法, 大規模小売店舗立地法, 中心市街地活性化法, 企業立地法, 旅行業法, 通訳案内士法, 労働関係調整法, 労働紛争解決法, 労働組合法, 雇用対策法, 職業能力開発法, 下請中小企業法, 産業活力再生法, 中小企業支援法, 鉱業法, 計量法, 電気工事士法, 貸金業法, 信用保証協会法, 運輸事業助成法
農林水産部門	農業, 畜産業, 水産業, 林業振興	食料・農業・農村法, 農業振興地域法, 農地法, 土地改良法, 農業協同組合法, 水産業協同組合法, 森林組合法, 農業災害補償法, 野菜出荷安定法, 食糧法, 肥料取締法, 農業基盤強化法, 農業委員会法, 卸売市場法, 農業改良助長法, 農薬取締法, 植物防疫法, 鳥獣保護法, 家畜商法, 家畜保健衛生所法, 家畜伝染病予防法, 獣医師法, 獣医療法, 漁船法, 漁業法, 森林法, 森林・林業基本法, 林業種苗法
土木建築部門	建設業, 用地, 道路, 河川, 砂防, 港湾, 空港, 都市計画, 下水道, 公園, 建築, 住宅	建設業法, 公拡法, 土地収用法, 道路法, 河川法, 軌道法, 砂防法, 地すべり防止法, 砂利採取法, 海岸法, 水防法, 特定多目的ダム法, 土砂災害防止法, 港湾法, 都市計画法, 宅地造成規制法, 土地区画整理法, 下水道法, 都市公園法, 建築基準法, 建築士法, 宅地建物取引業法, 公営住宅法

教育部門	小学校，中学校，特別支援学校，高等学校，大学	地教行法，教育基本法，学校教育法，大学法，地方独立行政法人法，私立学校法
警察部門	警察	警察法，刑法，刑事訴訟法，道路交通法

　この広範で複雑な領域に比べて民間企業は，全体を見渡せば，組織規模も業務領域も多種多様であるが，業務の領域は絞り込まれているのが通常であろう。経常利益2兆7,000億円を生み出す，日本の代表企業でさえ，業務の範囲は，単一で自動車製造業に絞り込まれている。領域の絞込みは，各社とも市場での自社のポジショニングに専念し，競合他社としのぎを削っていることの結果でもある。そもそも民間企業の経営戦略とは，自社の戦う土俵を見極め，絞り込み，厳しい競争に打ち勝つための領域を特定する[13]思考形式である。領域選択に関しては，3C[14]，SWOT[15]，バリューチェーン[16]，競争戦略ポジショニング[17]，5F[18]，アドバンテージ・マトリクス[19]など数多くフレームワークが考え出されているが，行政活動の選択と集中，優先化，重点化にも大変役立つと思慮される。

　自らが選択し集中する領域で成果をあげていく民間企業の姿勢に比べ，行政機関は統合的な目的や目標が立てにくく，広範で複雑な業務は選択と集中を拒み，経営資源の投入が総花的になる。結果として，無駄が起こりやすい。

(5) 顧客・原資・負担

　行政機関における顧客が行政サービスを受ける住民（法人を含む）であることに対して，民間企業における顧客は，財やサービスを購入する者（法人

13　遠藤功［2011］「経営戦略の教科書」光文社新書
14　グロービス経営大学院［2008］「グロービスMBAマネジメントブック」ダイヤモンド社，大前研一［1975］「企業参謀」
15　グロービス経営大学院［2008］「グロービスMBAマネジメントブック」ダイヤモンド社，アルバート・ハンフリー
16　マイケル・ポーター［1985］「競争優位の戦略」
17　マイケル・ポーター［1982］「競争の戦略」
18　マイケル・ポーター［1982］「競争の戦略」
19　グロービス経営大学院［2008］「グロービスMBAマネジメントブック」ダイヤモンド社，ボストンコンサルティンググループ

を含む）である。住民が負担することとなる原資は，一部導入されている受益者負担の仕組みにおける使用料，手数料を除いて圧倒的に税金であり，民間企業では売上金である。また，原資の不足は行政機関の場合，起債で補塡され，民間企業では，株式，社債の発行，金融機関からの融資で補塡される。

　さて，民間企業においては，財やサービスを受益する負担として，顧客である購入者は対価を支払う。購入は当然，強制的ではないので，顧客は対価に見合わないものは購入しない。顧客の内部に受益≧負担の関係が成立しないと一般的には購入は成立しない。これに対して，行政機関においては，行政サービスが受益で，税金が負担であるが，個々の財やサービス提供の対価として税金が支払われるのではないため，受益者と負担者は直接的に一致しない。更に，負担者が行政サービスを受けたいかどうかにかかわらず，行政機関による税金の徴収は強制的である。よって，受益と負担の関係は間接的でかつ不一致の場合が多い。

　こうしたことから，民間企業においては，顧客が満足する財やサービスを提供しなければ，対価を得られず，企業活動を継続することが困難になるため，ニーズが変化する顧客を満足させるように絶えず努力する仕組みになっている。これに対して，行政機関においては，顧客の満足度にかかわらず，活動を継続させるための原資は税金として強制的に徴収できるので，顧客を満足させなくても倒産することはなく，顧客満足度を向上させる動機が失われる危険性を常にはらんでいる。

(6) 永続性

　永続性に関して，行政機関が財政難になると，財政健全化法による財政再生団体に陥って政府の統制下に置かれたりすることとなるが，地方自治体の構成要素である区域，住民が消滅しない限り廃業することはない。ところが，民間企業においては，経営難になると会社更生法などの適用で再生したり，競合他社に吸収合併されたり，更に資金繰りに行き詰まると清算して廃業せざるを得なくなる。行政機関において組織が倒産しないということは，

一致団結して組織，行政法人の利益（民間企業であれば，顧客価値の創出）である社会的な価値を創出することを忘れ，行政機関そのものの組織安泰を図り，極端な場合，個人の利益を優先することになりかねない。

(7) **競争性**

競争性に関して，行政機関では，特定地域の住民向け行政サービスを独占しているので市場原理が働かないが，民間企業では，常に競争にさらされ，たとえ一時的に市場を独占しても新規参入の可能性があるので市場原理が自ずと働く。したがって，行政機関においては，競合他社と比較してどのような競争優位性を構築するか競争戦略に欠けることが多く，また，リスク回避偏重の保守的な環境のもと，漫然と過去の経験に引きずられ，イノベーションが起こりにくい環境に陥りやすい。行政機関も右肩下がりの社会・経済情勢のもとで，既に地域間の競争が激しくなっていることを忘れてはならない。

(8) **代替性**

代替性について，他の組織が行政機関の役割を代替するのは比較的困難であるが，民間企業の役割を代替するのは比較的容易である。例えば，もし行政機関がサービスを突然停止すると，代替困難であるので大きな混乱を引き起こし，住民としては生活に支障をきたすが，民間企業の場合，代替可能な他の民間企業が存在することが多く，大抵用途を満たせることとなる。一般論としては，行政機関は代替性が低く，時代や顧客ニーズの変化に対応しない旧態依然の体制や考え方を改めることができない危険性を内包している。

なお，代替性について，1980年代から欧米諸国，そして日本社会が高度成長期を通過し，成熟化を迎えるにあたり，増嵩し続ける行政ニーズに対応し，効率的な行政マネジメントを目指し，市場メカニズムを導入する取組が進められてきた。総称して，NPM（New Public Management: ニューパブリックマネジメント）と呼ばれる取組であり，代替性の状況は変化してきている。その内容は，エイジェンシーへの権限移譲，成果志向，顧客志向の

理念に代表されるが，日本では，PFI[20]，政策評価制度[21]，指定管理者制度[22]，独立行政法人[23]などの導入が積極的に図られてきた。今後も，官民の公私領域における役割分担は検討が加えられるべきで，代替性は絶えず変化していくものと考えられる。

(9) 柔軟性

行政機関では，詳細な規制や予算に拘束されるので柔軟性を欠いた形式主義に陥りやすいが，民間企業では最小限の規制により自主性に任されることが多い。一定のサービスに関して全国どこの行政機関に行っても標準化された高品質なサービスを受けることができるという点においては優れているが，柔軟性に欠けるということは，杓子定規な対応になるので，特殊な案件についても誰も決断できないということもあり得る。また，行政機関では，規則を順守し割り当てられた業務をそつなく無難にこなす人材が重宝され，環境や顧客ニーズの変化に対応できないなど対応力の鈍い制度を作り上げている。

(10) 団体構成

地方自治体の構成要素は，区域，住民，法人格である。民間企業は営利を目的とする株主による社団である[24]。

(11) 代表者・機構・選ぶ人々・マネジメントの対象

地方自治体の代表者は，首長であり，選挙権を有する住民から選挙で選ば

---

20 Private Finance Initiative の略。公共施設等の建設，維持管理，運営などを，民間の資金，経営能力及び技術的能力を活用して行う手法。民間資金等の活用による公共施設等の整備に関する法律。
21 行政機関の活動を何らかの統一的な視点と手段によって客観的に評価し，その評価の結果を行政運営に反映させる仕組み。地方自治体が先駆的な取組を行ってきた。行政機関が行う政策の評価に関する法律。
22 地方自治体の公の施設を効果的に管理等するため，地方自治体が指定するものに管理等を行わせる仕組み。地方自治法§244の2。
23 研究機関，大学，収益事業体，福祉事業などの事務事業を効率的，効果的に行うための地方自治体から独立した法人。地方独立行政法人など。
24 丸山秀平[2003]「株式会社法概論」中央経済社

れる（憲法§93②）。行政機関としてみた場合は，行政庁として自らの地方自治体の意思を決定し外部に表示する権限を有している。この権限は，住民に対して多領域にわたる大きな影響力を持つが，民間企業が影響力を持つ領域と規模は，大企業といえども比較的限られている。民間企業の場合の代表者の選任は，まず株主総会で取締役が選任され（会社法§329），取締役会が構成され，この取締役会で代表取締役が選任される（同法§362）。各機関の役割分担は，総会が定款変更や取締役などの選任と解任など，法や定款で定めた事項に限って権限を有する（同§295②）。業務執行については，原則として取締役会で決定されるが，日常業務など一定の事項について，代表取締役に決定が委ねられる。

　民間企業の経営という立場からは，株主，顧客，従業員などの利害関係人をステークホルダーと呼ぶ。彼らとの良好な関係を維持していくことが経営の重要事項である。良好な関係を保つということは，ステークホルダーの利益を重視していくことに他ならない。株主は議決権などよりは，企業の業績による株価，株の配当などの債権関係に関心が高く，先に述べたように，顧客は支払う対価より得られる財やサービスの価値が同じか，多くないと購入行動をやめてしまう。したがって，民間企業はステークホルダーに価値を提供する努力を惜しまない。株主や従業員に対するマネジメント，顧客に対するマーケティングが徹底して行われる。

　一方，行政機関では，住民は，顧客であると同時に，その参政権により首長を選択する権利を有している。また，首長を監視，抑制する権利を有しているので，住民に対しては，顧客としてのマーケティングと株主としての住民へのマネジメントと二重の対応を迫られる。すなわち，施策の効果を高めるためのマーケティングと住民との良好な関係を維持するためのコミュニケーションとが要求される。

　後者は，いわゆる広報（Public Relations）の原義の活動であり，住民に的確な情報を提供することによる施策や政策に対する評価の材料を提供することである。このような活動を通して行政として住民との良好な関係の維持を図る。前者は，施策や政策の対象となる者に当該施策・政策を認知しても

らい，当該施策の利用促進，政策に対する支持の獲得，特定の行動変容の促進を図るものである。広報については第6章で，マーケティング戦略については第2章で述べることとする。

なお，住民による首長の選挙，監視，抑制の機能は次のとおりである。住民は，選挙で首長を選び（憲法§93②），行政機関の活動を代表制民主主義を補完する形で直接的な権利の行使を行い，行政機関の監視と抑制を行うことができる。具体的には，条例の制定改廃請求（自治法§12①，74①），事務監査請求（同§12②，75①），議会の解散請求（同§13①，76①），議員の解職請求（同§13②，80，83），長の解職請求（同§13②，81，76②③，83），住民監査請求（同§242①），住民訴訟（同§242の2①②），更に住民投票（同§261）など代表制民主主義を補完する直接的な仕組みが用意されている。

地方自治体には，二元代表制が取り入れられており，議決機関として議会を置く義務があることが定められている（憲法§93①）。これを受け地方自治法は議会設置の規定を置いている（自治法§89）。議会の権限は，議決権（同§96），検査権・監査請求権（同§98①），調査権（同§100），不信任決議（同§178①③）などである。住民代表である議会に対しても良好な関係を継続するマネジメントが要求される。

2　行政マネジメント変革の必要性

行政の目的である社会的価値の創出は，経済，政治，社会，文化などの状況に応じて様々であるので，行政活動が漫然と行われ，リソースの集中投入ができない恐れが常にある。社会的価値を測る数量的な指標を設定することには，困難を伴うことが多く，また，社会的価値の受益に負担を一致させることが不可能な領域が多い。

民間企業では，売上がすべてであり，顧客の満足を得られない場合，顧客を満足させるように絶えず努力する仕組みがある。一方，行政機関は，サービスの対価として税金を徴収するのではないため，顧客（住民）を満足させなくても税金を強制徴収することができる。そのため，顧客（住民）を満足させなく

ても倒産することはなく，顧客満足度を向上させる動機を失わせる危険性がある。競合他社がないため事業戦略に優位性を構築できず，漫然と過去の経験に引きずられ，あるいはリスク回避の保守的な環境のもと，イノベーションが起きにくい環境が生まれやすい。

　以上のとおり，行政には陥りやすい隘路があるため，新たな行政マネジメントを導入し，行政経営の仕組みを成果を志向するものへと変革していく必要がある。

> **コラム　公的機関の3つの障害**
>
> 　ドラッカーは，次のように，公的機関の3つの特徴を指摘している。
> ① 　公的機関は，成果ではなく予算に基づいて活動する。いわば，他者の稼ぎから支払いを受ける。その予算は活動が大きいほど大きくなる。公的機関の成功は，業績ではなく，獲得した予算によって評価される。
> ② 　公的機関は，多様な利害関係者によって左右される。活動の成果が収入の原資になっていないために，あらゆる種類の関係者が実質的な拒否権を持つ。
> ③ 　公的機関は，善を行うために存在する。公的機関は，自らの使命を道義的な絶対とし，費用対効果の対象としない。目標を実現できないことは，努力を倍加すべきことを意味する。
> 　そして，「公的機関にイノベーションや企業家精神が見られないのは，退嬰（たいえい）的な月給泥棒，権力マニアの抵抗によるものとされている。だが，事態はそれほど簡単ではない。改革論者の万能薬たる人の入れ替えによる解決は，幻想に過ぎない」と述べている。
>
> 　（参考）「ドラッカー時代を超える言葉」上田惇生　ダイヤモンド社

第3節　行政マネジメントをどう変革すべきか〜課題と解決策の仮説

1　事業推進上の課題

　行政の目的である社会的価値の創出は，経済，政治，社会，文化などの状況に応じて様々であるので，行政活動が漫然と行われリソースの集中投入ができない状態に陥りやすい。社会的価値を測る数量的な指標を設定することには，困難を伴うことが多い。社会的価値の受益に負担を一致させることが不可能な領域が多い。また，広範で複雑な業務は選択と集中を阻み，資源の投入が総花的になるなどの課題がある。

　また，民間企業では，売上がすべてであり，顧客の満足を得られない場合，顧客を満足させるように絶えず努力する仕組みがある。一方，行政機関は，サービスの対価として税金を徴収するのではないため，顧客（住民）を満足させなくても税金を強制徴収することができる。また，顧客（住民）を満足させなくても倒産することはなく，顧客満足度を向上させる動機が失われる。また，競合他社がないため事業戦略に優位性を構築できない。漫然と過去の経験に引きずられ，あるいはリスク回避の保守的な環境のもと，イノベーションが起きにくい環境に陥りやすいなどの課題がある。

　これに関して，顧客満足を求め絶えず努力する民間企業の仕組みより強い内部規律と事業戦略の方法論を確立することが重要である。行政職員の使命，価値観，行動基準を内容とする行動理念を定め，目指すべき姿を表すビジョンを明確化し，成果を志向する戦略策定，目標達成へ向けての実行とレビュー（PDCA）などの仕組みを確立する必要がある。リソース投入の最適化を目指し戦略組織と資源配分組織を分離した上で，不断の事業見直しと最適な資源配分を図るため，財務マネジメントの確立と財政健全化策を進めるなど経営資源マネジメントを確立する。また，資源投入のクリティカルマスを認識しイノベーションを創出する。

2 組織・人事上の課題

　組織規模が大きいと組織階層が多重的になるので，マネジメントが広範囲で複雑になる。規則を重視するあまり変化に対応できず，杓子定規な対応になり重要な決断ができなくなる，などの課題がある。

　これに関して，トップマネジメント，ミドルマネジメントを強化し，全庁一丸体制を構築するためにトップマネジメントを補佐する会議の設置など組織運用を強化する。また，組織をミッション重視型に改編する。更に，多様性の確保から，外部委員による会議の設置などを行うなどの必要がある。

　行政機関は倒産しないため，組織維持や個人の利益を優先させ，顧客利益を忘れる危険性がある。規則を守り割り当てられた業務をそつなく無難にこなす人材が重用される傾向がある，などの課題がある。

　これに関して，行動指針の定着に向けた取組，インターナル・コミュニケーションの充実など組織文化の変革に向けた取組を強化する。成果志向に向けた目標管理，人事評価，任用，能力開発などの人材マネジメントを変革する，などの必要がある。

3 住民との関係構築上の課題

　行政機関は代替性が低いため，時代や顧客ニーズの変化に対応しない旧態依然の体制や考え方を改めることができない。住民（顧客）が代表者の直接選任権を有するので，住民，議会と良好な関係を保つマネジメントが要求されるなどの課題がある。

　これに関して，住民との良好な関係を維持するためのコミュニケーションと施策の効果を高めるためのマーケティングなどの戦略的な広報を確立する必要がある。

コラム　なぜ優秀な会社は，企業文化を大切にするのか

　組織をひとつにまとめ，社員が正しい方向にいく動機を与えるものは何か。多くの優良企業は，それは「企業文化」であると答える。ここでいう「文化」とは，成功につながる環境をつくる価値観や考え方，行動方式のことである。

　市場で勝ち抜くための企業文化の重要性については，グローバル企業の上級幹部1,200人のうち91％が「企業文化は戦略と同じくらい重要である」という意見に賛成し，また，企業幹部の81％が「文化なき企業は並の業績しかあげられない」という意見に同意している。

　企業文化が浸透した事例としては，エンタープライズ・レンタカーがあげられる。社員が自社の価値観や優先課題を見分けられるようになっており，その精神を，顧客目線のアクションや収益におとしていく規範や動きも持っている。また，実際に動くことを重視する。

　その企業文化がわかりやすく顕在化したのは，9.11直後。社員たちは，当時の社内ルールに反する行動をとり，ニューヨークから自宅に戻る，あるいは単にそこから離れるために片道だけレンタカーを借りたいという顧客に対し，先を争うように応じようとしたのである。

　会社全体の価値観や業績に対し，すべての社員が当事者意識を持っていること—これが企業を一層強くするのである。

（参考）「プレジデント」ポール・ミーハン，ダレル・リグビー，ポール・ロジャーズ

第1章
ミッション・バリューとビジョン

第1節　ミッションとバリュー
第2節　ビジョン

> **Point**
> ▶民間企業では,「経営理念＝ミッションとバリュー」は,企業の存在意義や使命を普遍的なかたちで表した基本的価値観であり,一般的には時代の流れを超えた長期的な視点で,社会と従業員に関する考えを語ったものである。
> ▶地方自治体においても,近年の地方分権の流れの中で,個々の地方自治体が,独自の施策展開を図ることが求められており,こうした経営理念が,政策を巡るトップダウンとボトムアップをリンクするものとして,その必要性が増してきている。更に,行政組織は,顧客価値を創出というよりも多種多様な社会的価値創出を目的とするからこそ,民間企業より強い内部規律が必要とされる。
> ▶ビジョンは,経営理念で規定された経営姿勢や存在意義に基づき,ある時点までに「こうなっていたい」と考える到達点,つまり自らの組織が目指す中期的なイメージを職員や社会全体に向けて示したものである。
> ▶地方自治体においては,従来から,総合計画として策定する場合が多く,「顧客」であり「株主」でもある住民の理解・合意と,職員一人ひとりへの浸透が重要である。

第1節　ミッションとバリュー

1　ミッションとバリューとは

　一般にミッションとバリューは,企業の存在意義や使命を普遍的なかたちで表した基本的価値観である。この基本的価値観を通じて,経営者は「会社や組織は何のために存在するのか,経営をどういう目的でどのようなかたちで行うのか」といった基本的考え方をステークホルダーに知らしめ,従業員に対して行動や判断の指針を与えるもの[25]である。

25　グロービス経営大学院［2008］「MBAマネジメントブック　改訂3版」ダイヤモンド社

まず、ミッションは、文字通り「使命」であり、多くの民間企業において定められており、「経営理念」や「社是」などの名称で呼ばれることもある。

これは、自分たちが「何を目的として」「どのような価値基準に基づいて」「どのような事業を行う」存在なのかということを明確にしようとするもの[26]であり、表現を変えれば、企業・組織を取り巻く利害関係者・ステークホルダーに対する所信表明のようなものである[27]ともいえる。

また、バリューは、価値観や行動規範のようなものといえるが、時代を超えて企業が経営活動を実行していく際に拠り所とする原則・価値観であり[28]、企業行動の指針を表現するだけでなく、企業の構成員が備えるべき人材要件（あるべき人材像）についても表現されるものである。

したがって、ミッションは、その組織が何を行うために存在しているのかを示すものである一方で、バリューは、その組織の構成員が組織の中でどういう価値観を拠り所にして行動するのかを示したものである。

2　地方自治体における経営理念

民間企業において、このような経営理念は、当たり前の存在だが、行政の世界ではあまり聞き慣れない言葉であったかもしれない。実際、地方自治法第1条の2に、「地方公共団体は、住民の福祉の増進を図ることを基本として、地域における行政を自主的かつ総合的に実施する役割を広く担う」と組織の役割が明記されているほか、個々の事務の目的等については、それぞれ個別の法律等に規定がある。また、職員の服務についても、地方公務員法第30条に、「すべて職員は、全体の奉仕者として公共の利益のために勤務し、且つ、職務の遂行に当たっては、全力を挙げてこれに専念しなければならない」と規定されているほか、同法第31条に、「職員は条例の定めるところにより、服務の宣誓をしなければならない」と規定されており、別途、条例により、職員採用時に服務の宣誓が行われている。

26　アーサーアンダーセン［1997］「ミッションマネジメント」生産性出版
27　藤田誠［2015］「経営学入門」中央経済社
28　アーサーアンダーセン［1997］「ミッションマネジメント」生産性出版

しかし、それは、地方自治の世界における地方自治体や地方公務員という制度の一般法則を規定したものであり、どこか特定の都道府県や市町村の目指すものを示したものではない。まだまだ不十分とはいえ、近年の地方分権の流れの中で、個々の地方自治体が、地域の実情に応じて、独自の施策展開を図っていくことが増えており、民間企業のような個々の組織の経営理念がその必要性を増してきている。

例えば、総務省の「地方公共団体の職場における能率向上に関する研究会報告書」（平成24年3月）の中には、「超高齢社会の到来を目前に、各地方自治体やその統括代表者である首長には、あらためて経営理念とビジョンの明確化が求められている。近時、首長による果断な政策判断が強く期待されるようになっている。一方、これを現実に妥当する施策として具体化し、住民に的確に届くよう実施するためには、担当部署の職員の意識や行動が、首長の政策判断とうまく共振することが必要である。このような政策を巡るトップダウンとボトムアップをリンクするものとして、地方自治体においても経営理念やビジョンを明確にすることが求められているのである。」と、地方自治体における経営理念の必要性が述べられている。

3　地方自治体におけるミッションとバリューの意義

では、地方自治体におけるミッションとバリューとは、どのようなものなのか。広島県における経営理念を例として、その意義を考えてみたい。

広島県では、湯﨑英彦知事が平成21（2009）年11月に就任した際に示した「真の県民起点の徹底」「現場主義」「予算志向から成果志向への転換」という「3つの視座」に加え、平成22（2010）年3月に「広島県職員の行動理念」を策定した。この「広島県職員の行動理念」策定に当たっては、各部局の職員から成る検討チームで素案を作成し、それを基に、全職員に意見を照会し、最終的にまとめられた。

この「広島県職員の行動理念」は、全職員の業務遂行の拠り所となっている。行政組織は、顧客価値の創出というよりも多種多様な社会的価値創出を目的とするからこそ、ミッション・バリューの明確化が重要なのである。

第1節 ミッションとバリュー

図表 1-1　広島県職員の行動理念と 3 つの視座・3 つの心掛け

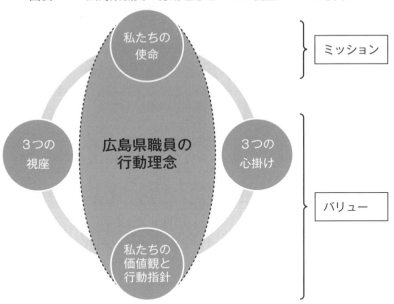

　図表 1-1 が示しているものは，「ミッション＝使命」と「バリュー＝価値観」である。「広島県職員の行動理念」のうち，「私たちの使命」の部分が文字通り「ミッション＝使命」であり，改めて，自分たちの組織の使命がどこにあるのかを示している。そして，「広島県職員の行動理念」のうち「私たちの価値観と行動指針」と「3 つの視座」及び「3 つの心掛け」は，その使命を達成するために，自分たちがどういう価値観を持って行動すべきなのかを示したもの，つまりバリューである。

図表 1-2　広島県職員の行動理念[29]

私たちの使命
　私たちの使命は，県民の信頼と負託をすべての出発点とし，社会を構成する様々な主体と連携しつつ，地域社会全体の価値を高め，発展させ，将来にわたって，

29　広島県ホームページ

広島に生まれ，育ち，住み，働いてよかったと心から思える広島県を実現していくことです。

私たちの価値観と行動指針
　私たちは，広島県を愛し，誇りを持ちます。
　私たちは，県民のために存在します。
　私たちは，高い志と責任感を持って誠実に行動します。
　私たちは，率直かつ積極的に対話します。
　私たちは，現実を直視し，変化に対応します。
　私たちは，変革を追求し続けます。私たちは，成果にこだわり続けます。

　また，「3つの視座」は，「真の県民起点の徹底」「現場主義」「予算志向から成果志向への転換」であり，「3つの心掛け」は，「卓越」「スピード」「リーダーシップ」であり，それぞれ仕事を進めていく上で重要視する価値観＝バリューを示したものである。

　まず，「3つの視座」の「県民起点」とは，県庁の仕事が，広島県民の皆様のためにあるということを意味し，これは顧客志向を表している。序章で述べたとおり[30]，顧客満足を求め絶えず努力する民間企業に比べ，行政機関では受益者の満足がなくても負担者からの原資を受けとれる仕組みになっていることから，民間企業に比べてより強い内部規律が必要であり，職員が意思決定するときに，常に「これが本当に県民のためになっているのか」を自問自答し，職務を行っていくことが求められている。

　次に，「現場主義」であるが，ここで指す現場とは，行政サービスを提供する場だけではなく，経済活動，医療活動，福祉活動，ボランティア活動など個人，法人を問わず県民の活動の場すべてを含めた場を想定している。行政サービスの担い手として県民と直接関わる現場職員が，県民ニーズに合った質の高い職務を遂行できるように，組織全体で支援することを意味する。現場がよい仕事をして，初めて県民起点から見て優れた行政ができることになる。県民ニーズの把握や行政サービスの実務は，まさに現場で行われており，現場の視

---

[30] 序章第2節

点と情報を組織として受け取ることが，県民起点の優れた行政につながるのである。

最後に，「予算志向から成果志向への転換」であるが，行政では，「何にどの程度予算を費やすのか」という「予算」に注目が集まりがちであるが，予算配分の結果，「何をどの程度達成したのか」という「成果」の視点が欠落すると，優れた行政サービスを提供したことにはならない。また，成果を出すためには，一定以上の経営資源を投入する必要があり，クリティカルマスの概念を意識することが，イノベーションを引き起こすために不可欠である。予算志向から成果志向への転換を明確に示し，成果基準として顧客志向という方針を提示することによって，職員の意識変革を促す必要があり，実際に，マネジメントシステムを成果志向へ転換するためには，①組織文化の変革，②転換を支える価値アラインメントシステム[31]の導入，③組織構造の変革，④施策の目標管理手法の整備が肝要である[32]。

図表 1-3　3 つの視座[33]

《県民起点》
　県民起点とは，県庁の仕事が，すべからく広島県，そして広島県民の皆様のためにあるということです。特に県庁のように大きな組織となると，県民のためとは言いながら，とかく自分の周辺や組織を中心に考えがちになります。

《現場主義》
　県庁の行政サービスの担い手として直接，県民の皆様と接しているのは，現場の職員です。県民ニーズの把握や行政サービスの実務は，まさに現場で行われています。この現場がよい仕事をして，初めて県民起点から見て優れた行政ができることになります。福祉，農林水産業，商工業など，どのような政策をとっても，現場から離れたところで進めていけば，いくら取り組んでも県民の皆様の要請に応えていくことはできません。したがって，常に現場を意識し，現場感覚を持っ

31　価値アラインメントシステム＝職員間でバリューを共有し，インセンティブを与えることでモチベーションを高め，それを組織の力にまで共振させる一貫したマネジメントシステム。第 3 章第 5 節 2，第 4 章第 1 節 5，同第 3 節 3 など。
32　島田智明，瓜生原葉子，湯崎英彦［2013］「地方自治体の経営：広島県庁の事例研究」国民経済雑誌
33　広島県ホームページ

て仕事を進め，現場の第一線で働いている人たちを組織全体でサポートします。

《予算志向から成果志向への転換》
　行政では，とかく「予算」に注目が集まりがちですが，県民の皆様に優れた行政サービスを提供するためには，「何にいくら使うのか」という予算を重視するよりも，「何を達成したのか，それがどのような効果を生み，どういう成果を作ってきたのか」という視点で業務を進めていくことが重要です。
　業務の中心は，いかに大きな「成果」を生むことができるか，であって，予算の獲得やその消化ではないという発想の転換を徹底していきます。
　ヒト，資金（予算），情報などのあらゆる経営資源は，成果を生むための「コスト」と考え，より大きな成果を生むために，いかにコストを抑えるかを仕事の中で実践していきます。

　「3つの視座」及び「3つの心掛け」の個々の意味については，図表1-3及び図表1-4の説明のとおりであるが，この中でも最も重要と考えられるのは，「予算志向から成果志向への転換」であろう。図表1-3の説明においては，金銭的な側面に限定された記述に読めるが，単なる金銭的な側面だけでなく，地方自治体のあらゆる行動の基準となる考え方を「成果志向」としたということの意味が，地方自治体のマネジメントにおいて，大きな意味を持ってくる。

　　　　　　　図表1-4　3つの心掛け[34]

《卓越》
　「卓越」とは，「群をぬいて優れていること，また，そのさま」を意味します。私たちは行政のプロとして，県庁のどのような仕事であっても，自らの仕事に誇りを持って，「そこまでやるのか」という徹底した姿勢で臨み，より良い結果を残すことを追求していく必要があります。
　また，広島県という組織として卓越するためには，個々の職員が卓越を目指し，自らの持てる力を最大限発揮することが不可欠であり，その行動が全体として統合されて初めて組織として卓越することができます。
　私たちは，広島県の職員として，志や目標を高く持ち，一人ひとりが自らの仕事の中で卓越することを目指し，妥協を許さず，こだわりを持って取り組むとともに，失敗を恐れず，あらゆることに果敢に挑戦していきます。

34　広島県ホームページ

《スピード》

　社会経済情勢が急速に変化する中，県庁は，挑戦心溢れる姿勢で，スピード感を持って行政を進めていくことが必要です。

　年度のサイクルで考えない，計画したら即実行する，実行のスピードを上げる，私たちは，常に「スピード」を意識して，日々，仕事に取り組みます。

《リーダーシップ》

　「リーダーシップ」とは，成果目標を明確にして，その達成を自らの役割と意識しつつ，主体的に取り組もうとする態度や姿勢のことです。

　リーダーシップは，誰にも，また，どのような場面においても求められるものであり，管理監督者だけに求められるものであるとか，生まれつき備わった資質のようなものではありません。それは，訓練によって身につけることができ，仕事を進める上で必要不可欠な能力です。

　権限の根拠を示すに過ぎない管理者であるという肩書を持って，リーダーシップが備わっているというわけではありません。むしろ，個々人の姿勢や態度が問題であって，それは役職とは関係なく発揮できる，また，発揮すべきものです。

　私たちは，様々な場面で自らの役割を見つけて，リーダーシップを発揮し，成果目標の達成に主体的に挑戦していきます。

　広島県においては，この「広島県職員の行動理念」をすべての職員の行動や判断基準の基本的指針とすることを，日々の業務の中で徹底している。その方法や意図については，第3章で詳しく述べるが，いずれにせよ，こうした「ミッション＝使命」と「バリュー＝価値観・行動規範」を行動理念として策定すること自体に意義があるわけではない。それらが，組織の文化となるまで徹底して浸透を図ることができなければ，策定した意味がない。

> **コラム** 民間企業の経営理念
>
> 　企業や組織によって使用する言葉はまちまちだが，多くの企業・組織では，経営理念・ビジョンが明確な言葉で語られている。中でも，実例として取り上げられることの多いのが，リッツ・カールトンである。クレドから従業員への約束まで全体で「ゴールド・スタンダード」と呼ばれ，企業の根幹を成している。
>
> 《クレド》
> 　「信条」と訳される「クレド」は，リッツ・カールトンの進むべき方向，お客様へ提供するサービスなどについて書かれています。
> 　リッツ・カールトンはお客様への心のこもったおもてなしと快適さを提供することをもっとも大切な使命とこころえています。
> 　私たちは，お客様に心あたたまる，くつろいだ，そして洗練された雰囲気を常にお楽しみいただくために最高のパーソナル・サービスと施設を提供することをお約束します。
> 　リッツ・カールトンでお客様が経験されるもの，それは感覚を満たすここちよさ，満ち足りた幸福感，そしてお客様が言葉にされない願望やニーズをも先読みしておこたえするサービスの心です。
>
> 《サービスの3ステップ》
> 　従業員がお客様に対してだけではなく，納品業者やホテルに関係するすべての人に対応する際のサービスの基本です。
> 　1　あたたかい，心からのごあいさつを。お客様をお名前でお呼びします。
> 　2　一人一人のお客様のニーズを先読みし，おこたえします。
> 　3　感じのよいお見送りを。さようならのごあいさつは心をこめて。お客様のお名前をそえます。
>
> 《モットー》
> 　ホテルを利用されるお客様の願望やニーズを理解し，ご期待以上のサービスを提供するため，従業員自ら紳士淑女になることを心がけています。（紳士淑女をおもてなしする私たちも紳士淑女です）
>
> 《サービス・バリューズ：私はリッツ・カールトンの一員であることを誇りに思います》
> 　サービス・バリューズは，従業員がお客様に高品質のサービスを提供するため，どのように考えて行動するべきかをまとめた指針です。

1　私は，強い人間関係を築き，生涯のリッツ・カールトン・ゲストを獲得します。
2　私は，お客様の願望やニーズには，言葉にされるものも，されないものも，常におこたえします。
3　私には，ユニークな，思い出に残る，パーソナルな経験をお客様にもたらすため，エンパワーメントが与えられています。
4　私は，「成功への要因」を達成し，リッツ・カールトン・ミスティークを作るという自分の役割を理解します。
5　私は，お客様のリッツ・カールトンでの経験にイノベーション（革新）をもたらし，よりよいものにする機会を常に求めます。
6　私は，お客様の問題を自分のものとして受け止め，直ちに解決します。
7　私は，お客様や従業員同士のニーズを満たすよう，チームワークとラテラル・サービスを実践する職場環境を築きます。
8　私には，絶えず学び，成長する機会があります。
9　私は，自分に関係する仕事のプランニングに参画します。
10　私は，自分のプロフェッショナルな身だしなみ，言葉づかい，ふるまいに誇りを持ちます。
11　私は，お客様，職場の仲間，そして会社の機密情報および資産について，プライバシーとセキュリティを守ります。
12　私には，妥協のない清潔さを保ち，安全で事故のない環境を築く責任があります。

《従業員への約束》

「従業員への約束」は，従業員に対する会社の姿勢を明文化したものです。

リッツ・カールトンではお客様へお約束したサービスを提供する上で，紳士・淑女こそがもっとも大切な資源です。

信頼，誠実，尊敬，高潔，決意を原則とし，私たちは，個人と会社のためになるよう持てる才能を育成し，最大限に伸ばします。

多様性を尊重し，充実した生活を深め，個人のこころざしを実現し，リッツ・カールトン・ミスティークを高める…リッツ・カールトンは，このような職場環境をはぐくみます。

第2節　ビジョン

1　ビジョン

「ビジョン」とは，前述の基本理念のもと，組織や団体が「こういうことをやりたい」「こういう組織になっていたい」といった「目指すべき将来の姿」のことである[35]。民間企業のビジョンがステークホルダーに理解し合意されてはじめて，目標に向かってまい進できるのと同様に，行政機関のビジョンも，顧客であり株主である住民が理解し合意することで，また，行政機関を構成する職員一人ひとりに浸透することで，地方自治体一丸となった取組ができることとなる。

ビジョンは，優れたリーダーの洞察力やインスピレーションに基づく将来構想であると考える人が多い。コリンズとポラスは，「ビジョナリー・カンパニー」の中で，数百社の調査に基づき，企業は「基本理念」を維持し，同時に「進歩を促す」「ビジョン」を発展させなければならないと主張する。企業は2つの重要な要素からなるビジョンをつくらなければならない。「基本理念」と「将来構想」である。基本理念は，組織不変の性質と定義し，一方，将来構想は企業が実現する，達成することを示すものである。

更に，ビジョンを持っているリーダーに頼るよりもビジョンのある組織を構築する方がいいとも述べている。素晴らしいアイデアをもっていたり，素晴らしいビジョンをもったカリスマ的指導者であるのは，「時を告げること」であり，一人の指導者の時代をはるかに超えて，いくつもの商品のライフサイクルを通じて繁栄し続ける会社を築くのは，「時計をつくる」ことである。ビジョナリー・カンパニーの創業者は概して時を告げるタイプではなく，時計をつくるタイプであったとしている[36]。

---

[35]　遠藤功［2011］「経営戦略の教科書」光文社新書
[36]　ジェームズ・コリンズ，ジェリー・ポラス［1995］「ビジョナリー・カンパニー　時代を超える生存の原則」日経BP社

広島県では

1 広島県では，平成22（2010）年10月に策定したひろしま未来チャレンジビジョンを，次の情勢の変化に応じて平成27（2015）年10月に改訂し，目指す姿の実現に向けて，県民の皆様と一緒に「一歩先へ」踏み出し，新たな挑戦を推し進めることとした。

(1) 人口減少の進行と将来展望

　図表1-5のとおり，広島県の人口は，出生数の減少や転出超過が続いていることを背景に，平成10（1998）年の288万人をピークに減少が続き，平成26（2014）年現在で約283万人となっている。今後10年の内には，年齢別人口で高い割合を占める団塊ジュニア世代が，人口再生産年齢を過ぎることで，出生数の減少は更に進み，これまで以上の速度で人口が減少していくことが懸念される。加えて，県内の一部の市町では，増加を続けていた高齢者人口までもが減少し始めており，本県の人口減少は加速的に進行する「新たな段階」を迎えている。

　広島県の「人口ビジョン」で示すとおり，出生率や転出超過が現状のまま推移すれば，2060年の県人口は190万人程度まで減少する見込みである。一方で，出生や県内での就職など社会移動に関する県民の希望が実現した場合は，235万人程度の人口が維持できる見込みである。今後，出生数を決める親世代の人口が減少する見通しであることに加えて，出生率の回復時期が将来人口に与える影響が高いことを考えれば，人口減少への対応は，一刻の猶予も許さない喫緊の課題と捉える必要がある。

(2) 東京一極集中の加速化

　人口移動に見る東京一極集中は，景気回復と共に拡大傾向にある。また，全国の企業等法人数の20％が東京都内に所在しており，中でも資本金10億円以上の法人に限っては55％が東京都に集中しているなど，人・モノが東京に過度に集中している状況である。今後，東京オリンピックの開催やリニア中央新幹線の着工などを契機に，東京圏での開発投資の活発化や雇用の拡大が見込まれ，東京一極集中の加速化が予想される。

(3) グローバル化新局面の到来

　現在，世界における市場の中心は欧米から新興国へとシフトしつつある。特に，中国・インドを始めとするアジアの経済成長に伴い，海外市場が拡大し，海外企業との競争が激化している。また，国内市場が成熟する中，拡大

する新興国市場の獲得を目指して，財・サービスの輸出のほか，製造業における海外現地生産比率が高まるなど，海外での事業展開が活発化するとともに，グローバル化に対応できる人材の必要性が高まっている。

　一方，円安の定着や東南アジア諸国の観光ビザ緩和などを追い風に，外国人観光客数は近年大幅に増加しており，国の観光立国推進閣僚会議では，東京オリンピック・パラリンピックが開催される 2020 年に向けて訪日外国人旅行者数 2 千万人を目指すとしている。

(4)　安全・安心に対する意識の高まり

　平成 23（2011）年 3 月に発生した東北地方太平洋沖地震（東日本大震災）をきっかけに，多くの国民が，防災意識や社会における結び付きを強く意識し，また，節電や自然エネルギーに対する関心を高めている。本県内でも，平成 11（1999）年の広島豪雨災害，平成 13（2001）年の芸予地震，平成 16（2004）年の台風 16 号による浸水被害などの自然災害を経験し，平成 26（2014）年 8 月には広島市で豪雨による大規模土砂災害が発生した。これらの災害を通じて，ひとたび大規模な自然災害が発生すれば，甚大な被害発生につながることを改めて認識するとともに，防災・減災のあり方など多くの課題が私たちに投げかけられている。

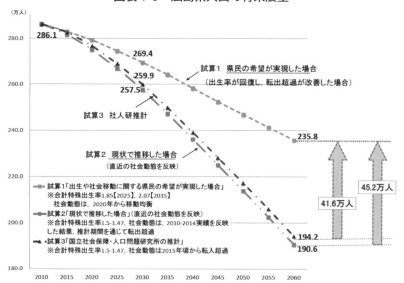

図表 1-5　広島県人口の将来展望

2　基本理念と目指す姿

(1) 基本理念
将来にわたって，「広島に生まれ，育ち，住み，働いて良かった」と心から思える広島県の実現（改訂前のチャレンジビジョンの基本理念を堅持）

(2) 目指す姿
仕事でチャレンジ！ 暮らしをエンジョイ！ 活気あふれる広島県
～仕事も暮らしも。欲張りなライフスタイルの実現～

≪人口減少・グローバル化が進む社会での働き方≫

　生産年齢人口の減少に伴い労働力人口が減少すると，経済の規模も縮小し，地域の活力が失われる。また，グローバル化が加速して海外企業との競争が激化する中，経済が縮小すると，製品・サービスなどの国際競争力の低下が懸念される。これは，本県だけでなく，日本全国の共通課題である。

　こうした悪循環を回避し，経済を活性化するには，まず，女性や高齢者を始め意欲ある働き手の雇用の場をつくることで，労働力人口を確保することが必要である。そのためには，様々な人々が共に働き活躍できる，多様な働き方の選択肢のある社会であることが，ますます重要になってくる。

　しかし，かつてないスピードで人口減少と少子高齢化が進む現状にあっては，労働力人口を維持するのは非常に困難である。このため，労働力人口の縮小を最小限に抑えることに加えて，総体としての生産力が落ちないよう，イノベーションを持続的に創出することで生産性の向上を図る必要がある。

　一方，労働者1人当たりの労働生産性に目を転じると，日本は，1人当たり労働生産性・時間当たり労働生産性ともに主要先進7か国中最下位で，7か国中最も高い米国の3分の2の水準にある。

　日本の労働生産性が低い要因として挙げられているのが，いわゆるホワイトカラーと呼ばれる部門やサービス業における生産性が低いことである。例えば製造業の生産現場では，限られた稼働時間の中で生産性を上げる努力が追求されてきたことから，製造業に限った労働生産性水準の国際比較では，日本はOECD加盟国平均を超え，比較的上位にある。

　今後は，労働生産性の高い他の先進諸国の「短い労働時間で効率的に成果を生み出すことで豊かな生活を実現する」働き方を志向していくことが重要である。

≪これからのライフスタイル≫
　短い労働時間で効率的に成果を生み出すことで，家族との時間や余暇，自己啓発などを充実することができる。家族との時間や仕事以外の活動が充実すると，視野が広がり，斬新な発想や思いがけない組合せが生まれ，様々な分野でイノベーションを導く土壌となる。イノベーションにより生産性が高まると，所得が向上し，また，長時間労働が軽減される。こうした好循環を生み出すライフスタイルこそ，私たちが目指す姿である。
　仕事と暮らしのバランスを考えるとき，暮らしを犠牲にする働き方や，仕事をセーブして家事の時間を確保するなど，どちらかを優先して妥協しなければならないのではと思われがちである。しかし，多くの県民にとって，仕事と暮らしはいずれも人生の重要な要素であり，どちらもあきらめず追求することができる社会の実現が求められている。
　広島県では，こうしたライフスタイルを実現するための基盤として，チャレンジビジョン策定時から取り組んできた 人づくり，新たな経済成長，安心な暮らしづくり，豊かな地域づくり の４つの政策分野の好循環により，県民一人ひとりが，仕事や暮らしに対して抱く希望を「かなえられる」と感じることのできる社会をつくり出すことで，仕事でチャレンジ！ 暮らしをエンジョイ！ 活気あふれる広島県 を目指す。

≪目指す姿≫

(3) 目指す姿の実現に向けた視点

　仕事も暮らしも充実したライフスタイルが，県民・地域の活力の源となり，県外の人々からも「住んでみたい」とうらやましがられるような大きな魅力となるには，広島県独自の強みや広島県が元々持っている素地を生かした，広島県ならではの視点が必要である。

　広島県では，チャレンジ精神やフロンティア精神にあふれる県民性を生かし，平成 22（2010）年のチャレンジビジョン策定時から，**イノベーション**をチャレンジビジョン推進の重要な視点として掲げてきた。また，転勤や創業の地として移り住む人が多い土地柄を踏まえ，家族一緒に暮らしやすいと感じてもらえるよう，様々な場面で**ファミリー・フレンドリー**な広島県となるべく取り組んでいる。

　さらに，充実した都市機能と山も海もある豊かな自然が近接し，県内どこに住んでいても短時間の移動でその両方を楽しむことができる，広島ならではの**都市と自然の近接ライフ**を，他の地域と差別化できる大きな魅力と考えている。

　目指す姿の実現に向けて，この 3 点を 4 つの政策分野の好循環を支える視点として取り組むことが，大きな推進力となると考え，「イノベーション」「ファミリー・フレンドリー」「都市と自然の近接ライフ」を一層推進する。

図表 1-6　4 つの政策分野の好循環

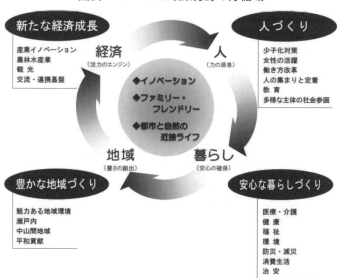

2　目指すべき将来の姿と現実のギャップ

　ビジョンとは,「目指すべき将来の姿」であり,大きな方向性は書きあげられているものの,具体的な目標の設定やそこに至る具体的な道筋は描かれてはいない。現状の分析と課題の設定,到達点までのギャップを埋めるための手法を導き出すことが戦略である。戦略が実行されることでギャップが埋められ,成果が導き出される。これを概念図で表すと図表1-7のとおりである。

図表1-7　基本理念,ビジョン,戦略の関係

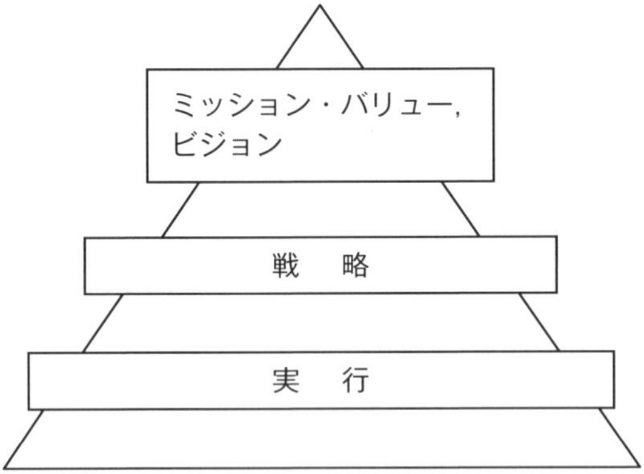

```
        ┌─────────────┐
       /ミッション・バリュー,\
      / ビジョン              \
     ┌─────────────────────────┐
    /        戦　　略           \
   ┌─────────────────────────────┐
  /          実　　行             \
 └───────────────────────────────┘
```

　序章で述べたとおり,行政の目的は社会的価値の創出で,その業務範囲は広範で多岐にわたっており,現実的に政策レベルで目標を設定することが非常に困難な場合が多い。しかし,地域に変化を起こそうとするとその変化を表す指標が必要とされ,目標に到達しないと社会に変化が起こった,社会的価値が創出されたと住民には理解されない。序章で指摘したとおり,行政サービスの受益者と原資の負担者は不一致の場合が多く,受益者以外の住民にもこの目標達成が認識,理解されないと原資負担,納得された税の徴収はできない。ビジョンと目標設定の間をどのように埋めるのか,構造的ともいえる長年の課題でもあった。

3 ワーク（戦略的事業単位）の設定

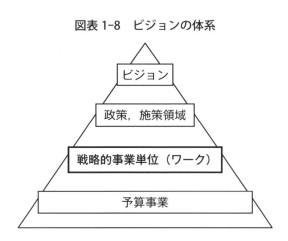

図表1-8 ビジョンの体系

　図表1-8を見ていただきたい。最上位を「ビジョン」としているが、名称としては「総合計画」としている地方自治体が多い。そのビジョンが、ブレイクダウンされて個々の予算事業にたどり着く全体体系をなしている。理想からすれば、地方自治体では、このような施策体系が整っていることが望ましい。

　さて、目標設定との関係を考えてみよう。ビジョンのレベルでは、ビジョンが大きな方向性を示しているので、目標も大きな方向性を描いた、いわばスローガン的なものになっているのが一般的である。では、政策、施策領域のレベルではどうか。このレベルの設定は、政策から施策とブレイクダウンしているのが一般的ではあるが、その領域分類もレベルも千差万別である。序章で述べた領域毎に、中小企業振興、学校教育、医療介護などの分け方もあれば、これを大きく取りまとめ、経済、教育、医療福祉など大きな領域として認識している場合、また、それらを目指す方向として、「次代を担う子供の教育環境」など定性的な言葉にしている場合も多い。したがって、概してこの政策、施策領域では、定量的な目標設定よりも、定性的な目標設定が多いのが通常である。

　では、予算事業単位ではどうか。一般的に各事業部門が事業を考え、作り上

げるのはこの単位で，予算査定の対象となる単位である。一応，目的・目標の設定，分野を取り巻く環境分析，課題の抽出，実施する手段の起承転結が盛り込まれてはいる。しかし，基本的に国庫補助の事業であったり，該当する起債が充当される事業であったり，実は国からの補助金別，財源別に組み立てられている場合が多く，事業の目標設定というよりも，使える予算の性質と量を示しているに過ぎないことが多い。

そこで，政策や施策領域の下位で，かつ，事業を一定目的に束ねた単位が必要となる。これが，戦略的事業単位[37]＝ワークである。戦略的事業単位は，本来組織の単位を表しているが，同時に業務の単位でもあるので，政策，施策の細分化，体系化にも当然活用できる。勿論，組織も，この考え方に沿って編成することが適切であるといえる（第3章 組織マネジメント参照）。このような事業及び組織単位を設けることで次のことが可能になる。

(1) 明確な目標を設定することができ，実行後，指標の達成度を測ることができる。
(2) この単位で戦略を立案することは，PDCAも回すことにより，有効な事業の組み合わせを志向することができる。
(3) 組織編成に当たって，責任者を決定することで，組織と個人のミッション性を高めることができる。
(4) ワーク単位の戦略と実行力を高めることで，ビジョン全体の進行管理と実現性を高めることができる。

---

[37] 戦略的事業単位（Strategic Business Unit）：事業計画を戦略的に策定，遂行するための組織区分。実際の組織区分と一致する場合もあるが，こだわらずに編成され，企業において売上，利益といった業績を管理する単位となっている。

広島県では

≪個別ワークの解説≫

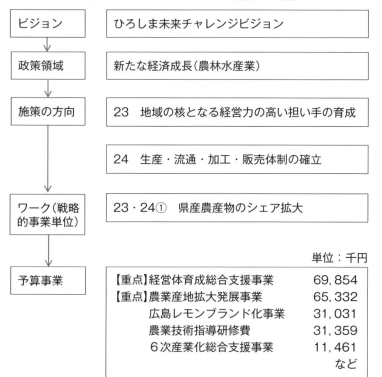

図表1-9　ビジョンとワーク関係（一例）

　図表1-9が，ビジョンから順々にワークへとブレイクダウンした施策の系統図である。政策や施策レベルあるいは予算事業レベルでは，設定しにくい目標をワークのレベルで具体的に設定し，ワークレベルでPDCAを回していくこととしている。この際に用いる，ワークの管理シートが図表1-10である。

第1章 ミッション・バリューとビジョン

図表1-10 施策マネジメントにおけるワーク別管理シート（平成27年度）

ワーク名	23.24① 県産農産物のシェア拡大					分野	新たな経済成長	領域	農林水産業
						取組の方向	担い手が将来の活設計を描ける経営の確立	主担当局	農林水産局
								関係局	総務局
								更新日	H27.7.1
								整理時点	第1四半期点検

[ワークの成果指標・目標・実績・点検状況]

成果指標・目標	最終目標	目標達成年次	平成24年度 実績	平成25年度 実績	平成26年度 実績（見込み）	平成27年度 目標	後年度目標 H29	点検状況
[H27 新規設定] 農産物の生産額	734億円	平成32年度	645億円	663億円	667億円	678億円	700億円	第1四半期 概ね順調 第2四半期 — 第3四半期 実績点検

関連	指標	H24	H25	H26	H27
A	野菜産出額	195	203	214	230

[その他参考となる関連指標]

関連	指標	H24	H25	H26	H27
A	県産産出額		156	152	157
					157

[ワークの目指す姿を実現するための目論見]…H27当初予算編成段階

現状	課題	課題解決に向けた仮説	具体的取組
[土地利用型野菜] キャベツについて、サラダクラブ等の大型食品加工業者への新たな供給体制の構築が求められるが、中四国中心の産地であるため、その出荷に対応できていない。野菜を導入した農業者の多くが、目標収量を確保できていない。収穫時期などに繁忙期の労働力が不足しキャベツ拡大に支障。参入企業数の高い担い手参入が見込めず、土地利用型野菜を大規模に栽培したい運用力が出荷の産地化が進んでいる。 [施設型野菜] トマト、ほうれんそう、ねぎ等については、個別経営が中心であるが、支援方式も含めスピード感を持って、企業全体で農業に参入する実例が増えてきている。	[土地利用型野菜] 標高の低い中南部平地や南部地域などでは、冬作として安定した契約栽培等に取り組めるのではないか。許容変更した指導方法の中で改善向上が見込めるのではないか。野菜の単収向上のため、労働力が不足している法人との連携強化により、規模拡大に取り組めるのではないか。県内で安定して生産を行っている大規模農業法人と連携してキャベツ等の契約栽培が可能になれば、規模拡大に取り組めるのではないか。以前から整備されている遊休農地を大規模集落的営農対象として、再整備して農地利用ができるのではないか。 [施設型野菜] ビジネス型法人の育成や新規就農者の仕組みづくりに県内全体で取り組むことで、産地拡大を加速化できるのではないか。	[土地利用型野菜] 標高の低い中南部平地や中部地域で、契約栽培に適した野菜の生産を推進し、大型加工業者のニーズに応えられる野菜の出荷拡大を支援する。 圃場ごとの個別対策を実行できるように、標高に応じた指導方法を徹底し、収量向上を目指す。野菜生産技術を確立し、品目ごとの安定生産を図るため、生産管理の徹底に向けた取り組みを開始する。収量が安定する品種を法人と連携し、労働力が不足している法人に、収穫作業の受託などにより営農リスクに対応して支援する。大規模集落営農の整備を拡大等の再整備と施設野菜の営農を支援する。 [施設型野菜] トマト、ほうれんそう、ねぎ等の新たな県有施設計画の作成、インキュベーション機能を有した拠点施設の仕組みについて検討する。
[畜産] 県産レモンの認知度は上がり、量販店を中心とした需要が拡大しているが、それらに対応できる生産体制の構築が遅れている。	急激な拡大に作業効率の悪い園地が多いことから、担い手の生産基盤が弱くなっている。	草木道の整備など、作業効率を改善するために生産基盤の整備を計画的に行うことで、担い手の生産拡大が進むのではないか。	平成30年からの出荷が可能となる大規模草木道を付けた手間の省力化のある園地に新たに改植する取組の開始（60ha × 30,000）により気象条件や生産量の増加に伴う販売戦略の策定。草木道の整備のまとめに対応するための施設の改善に要する経費の一部を補助する。

44

第2節　ビジョン

第1章　ミッション・バリューとビジョン

【①成果を押し上げる事業及び業務】

指標	事業名等（担当課）	H27予算（上段）（一般） H27決算（下段）	事業の目的	主な実施内容	事業の主な活動指標	事業の主な成果目標	目標寄与度（4段階表示）	進捗点検 第①四半期	実績点検 第②四半期（下段は9区分評価）	備考
A	経営体育成総合支援事業（重点）【農林】（農業経営発展課）	69,854　(69,854)	経営発展のハード支援、担い手の確保・プランナーのハード両面での支援	経営発展の機械・施設整備、経営相談プランナーの派遣、経営力向上支援システム標準化・検討会構築	機械・施設整備　4経営体、専門家派遣　4経営体	Ⅱ	順調		
A	農業産地拡大発展事業（重点）【農林】（農業経営発展課）	65,332　(65,332)	大規模農業に対応できる担い手【農林】（農業経営発展課）産地の構築	・団地化・大規模整備・作業受委託面積・周年供給体制整備	・キャベツ産出額　7.0億円・野菜拠点出荷　89億円・野菜出荷額　230億円	Ⅱ	順調		
A	広島レモンのブランド化による広島産地の高付加価値化事業【農林】（農業経営発展課）	31,031　(31,031)	かんきつ団地の集積、整備により経営力の高い担い手を育成	・かんきつ団地の集積・団地再生整備	・園地整備支援面積　34ha・レモン栽培面積　234ha・レモン出荷量　17.6億円	Ⅳ	進行遅延（影響あり）	農地集積が進まない要因を再度分析	
A	農業技術指導活動・研修費【農林】（農業経営発展課）	31,359　(15,359)	農業をけん引する各分野を担い手に育成した普及指導員の活動や資質向上に要する経費	栽培管理・経営改善指導、農地集積・産地の体制構築や担い手育成・産地のシェア拡大に向けた技術・経営等の改善指導	経営発展の段階に応じた各担い手が営農する各地域の普及支援目標の達成	Ⅲ	順調	5/22 普及指導計画策定 5/13 普及指導員研修実施計画策定	
A	農業技術指導運営費【農林】（農業経営発展課）	30,474　(16,974)	担い手に設置している各種農業技術研修や農業指導の管理運営に関する経費	豊かな担い手が活躍する各地の体制構築や産地のシェア拡大に向けた農作物の管理指導、経営等の改善指導	機械・施設整備　7経営体、積算経営体の担い手に対する指導の達成	Ⅳ	順調		
A	米生産体制強化事業【農林】（農業経営発展課）	281,226	競争力のある米づくりを実現する多角化施策の推進	水田用機械・施設及び乾燥貯蔵施設の整備	レモン生産量　200t、雇用　84人	Ⅳ	進行遅延（影響あり）	国庫事業延長事業主体にて対応検討中	
A	瀬戸内広島レモンアクション事業（農業経営発展課）			・大規模植栽地・供給のための苗木の育種・産地の需要調整・集速気象対策	レモン生産量　8億円	Ⅳ	-	なし（9月補正予定）	
	小計(1)	509,276　(198,550)								

【②成果を維持する事業及び業務】

指標	事業名等（担当課）	H27予算（上段）（一般） H27決算（下段）	事業の目的	主な実施内容	事業の主な活動指標	事業の主な成果目標	目標寄与度	進捗点検	実績点検	備考
A	農業制度資金利子補給等事業（就農支援課）	34,589　(33,557)								
A	総合技術サポート対策事業（農業）（経営）（研究開発課）	11,461　(11,461)								
A	6次産業化と総合支援事業（農業・連携推進課）	63,874　(23,288)								
A	販売推進事業（非予算）【販売・連携推進課】									
	小計(2)	109,924　(68,306)								
	合　計（小計(1)＋(2)）	619,200　(266,856)								

【H26からの見直し状況】　…H27当初指導の見直し内容

○ワーク及び事業の見直し方針
● アクションプログラムの実現に向けて、総合的・効果的に取り組むため、ワーク・プログラムをアクションプログラムと同体系になるよう見直し編成する。合わせて指標についてもこれまでの野菜や果実の産出額を引き、農産物の生産高とする。
● アクションプログラムにおいて、農業分野と畜産分野とを切り分けて販売プログラムにおいても、販売分野と畜産分野とを切り分けた。

平成26年度実績の点検　及び　27年度第①②四半期点検

目標と実績の乖離要因

新たな課題・進捗変化	
特になし	
H26実績確保の中でH27新たな課題を踏まえた対応方針	
特になし	

⇒平成27年度実績点検の詳細は、平成28年度ワーク別管理シートにおいて整理。

45

第1章 ミッション・バリューとビジョン

広島県では

　広島県における具体的なワーク設定は，次のとおりである。例示した県産農産物のシェア拡大というワークは，35①に位置付けられている。

広島県のワーク一覧（平成28年度）

■人づくり

領域	取組の方向	番号	ワーク名称	主担当局
少子化対策	県民の結婚・妊娠・出産の希望をかなえる切れ目のない支援を進めます。	01①	有配偶者率の向上	健康福祉局
		01②	妊娠を希望する者に対する支援の充実	健康福祉局
		01③	安全・安心な出産体制の確立	健康福祉局
	多様化するニーズに応じた質の高い保育サービス等の提供体制を確保します。	03①	いつでも安心して預けられる保育環境の確保	健康福祉局
		03②	いつでも安心して預けられる学童保育環境の確保	健康福祉局
	子供と家庭に関する切れ目のない相談支援体制の充実を推進します。 子育てを男女がともに担い，県民みんなで子育てを応援する社会づくりを推進します。	04・05①	子供と子育てにやさしい生活環境づくり	健康福祉局
	男女がともに子育てに参画し，その経験も生かしながら働き続けることができる職場環境の整備に取り組む企業の拡大を図ります。	06①	男女が共に育児へ積極的に参加する社会の構築	健康福祉局
女性の活躍	女性の活躍促進に取り組む企業の拡大を図るとともに，女性がその能力を生かすことができる環境を整備します。	07①	女性の就業率の向上	健康福祉局
	あらゆる分野における男女共同参画を推進します。	08①	男女共同参画社会づくり	環境県民局

働き方改革	時間や場所にとらわれない働き方により，多様なライフスタイルを可能にする雇用環境の整備を推進します。 仕事も生活も重視する「働き方」と「休み方」の普及啓発に取り組みます。	09・10①	多様な働き方に取り組む企業の増加	商工労働局
人の集まりと定着	東京圏で高まりつつある地方移住の機運を取り込み，定住につなげる仕組みづくりを進めるとともに，新卒大学生のUIJターン就職を促進します。 イノベーションの原動力となる多様な人材が活躍できる環境を創出し，人材の集積を促進します。	11・13①	県外からのUIJターン転入者数の増加	地域政策局
		11・13②	多様な人材の集積を促進する活躍環境の創出	地域政策局
		11・13③	外国人の住みやすい環境づくり	地域政策局
	若年者の非正規雇用の正規化に向けた支援を進めます。 若年者の就業等を促進します。	02・12①	若年者の就業者数の増加	商工労働局
		02・12②	職業訓練による就業率の向上	商工労働局
	県内の高等教育機関の魅力向上により，県内外からの入学者確保を図ります。	15①	大学進学時における転出超過の改善	環境県民局
	優秀な留学生の積極的な獲得や留学生の受入体制の整備を図るとともに，県内企業への就職等による定着を促進するための取組を進めます。	16①	県内大学との連携による留学生の受入促進	地域政策局
		16②	留学生の県内企業への就職等による定着	地域政策局
教育	子供たちの更なる学力・体力の向上や豊かな心の育成に取り組みます。	17①	幼児教育の充実	教育委員会
		17②	小・中学校における学力向上	教育委員会
		17③	県立高等学校における学力向上	教育委員会
		17④	豊かな心の育成	教育委員会
		17⑤	体力・運動能力の向上	教育委員会

第1章 ミッション・バリューとビジョン

	17⑥	生徒指導の充実	教育委員会
これまでの「知識ベースの学び」に加え，「これからの社会で活躍するために必要な資質・能力（コンピテンシー）の育成を目指した主体的な学び」を促す教育活動に取り組みます。	18①	コンピテンシー育成に向けた先進的な教育環境の整備	教育委員会
	18②	グローバル・マインド，実践的なコミュニケーション能力の育成	教育委員会
プロスポーツ・企業スポーツとも連携を図りながら，競技スポーツの裾野拡大，アスリートの育成・強化に取り組みます。	19①	スポーツ競技力の向上	教育委員会
地域ぐるみで子供たちの健全育成を進めるため，学校・家庭・地域等の連携を強化し，地域社会の教育力向上を図ります。	20①	家庭・地域の教育力の充実	教育委員会
	20②	食育の推進	健康福祉局
	20③	地域に開かれた学校づくり	教育委員会
	20④	地域ぐるみの青少年の健全育成	環境県民局
障害のある幼児児童生徒の障害の種別・程度に応じ，専門的かつ適切な指導・支援の充実を図ります。	21①	学校内の支援体制の充実	教育委員会
	21②	教員の専門性の向上	教育委員会
	21③	障害の種別・程度に応じた専門的な指導の充実	教育委員会
公教育全体の更なる質の向上を図るため，私立学校の魅力向上や特色ある学校づくりを推進します。	22①	私学教育の振興	環境県民局
県内の高等教育機関による，社会が求める人材育成や地域に貢献する教育研究の充実を図ります。	23①	社会が求める人材の育成	環境県民局
	23②	地域に貢献できる教育研究の充実	環境県民局
社会人・職業人としての資質・能力を育むキャリア教育や職業教育などの取組を，地域ぐるみで推進します。	24①	キャリア教育の推進	教育委員会
	24②	実践的な職業教育の充実	教育委員会

領域	取組の方向	番号	ワーク名称	主担当局
多様な主体の社会参画	県民が人権尊重の意識を高め,互いに人として尊重し合う社会づくりを進めます。	25①	人として互いに尊重する社会づくり	環境県民局
	生涯現役として活躍し続けられるよう現役世代から早めの準備を促すとともに,高齢期になっても生きがいを持って就業や地域活動できる環境づくりを進めます。	26①	高齢者の地域活動の増加	健康福祉局
		26②	高齢者の就業者数の増加	商工労働局
	経済的自立に向けた障害者の雇用・就労を促進するとともに,全ての障害者に選択の機会が確保され,あらゆる分野の活動に主体的に参加できる環境の整備を進めます。	27①	障害者の就労機会や雇用の拡大	健康福祉局
		27②	障害者の社会参加の機会の拡大	健康福祉局
	県民のNPO・ボランティア活動への参加を促すとともに,NPO,企業等と行政との協働を進めます。	28①	県民のNPO・ボランティア活動の活性化	環境県民局
		28②	行政・企業・NPOの連携・協働の活性化	環境県民局

■新たな経済成長

領域	取組の方向	番号	ワーク名称	主担当局
産業イノベーション	イノベーション・エコシステムの構築や創業・第二創業の支援,多様な投資誘致などにより,企業の付加価値・競争力を上げるイノベーション力の徹底強化に取り組みます。	29①	創業や新事業展開の創出	商工労働局
		29②	産学金官のパートナーシップ構築と多様な交流機会の創出	商工労働局
		29③	産学共同研究による研究開発の活性化	商工労働局
		29④	多様な投資の拡大	商工労働局
	ものづくり技術の高度化や開発を推進します。	30①	資金的支援による研究開発の活性化	商工労働局
		30②	公設試験研究機関の技術開発によるものづくり企業の活性化	総務局

		30③	航空機関連産業の育成・受注獲得に向けた企業活動の活性化	商工労働局
		30④	感性工学を活用したものづくりの活性化	商工労働局
	成長産業の育成支援に重点的に取り組みます。	31①	医療関連産業の育成によるクラスター形成	商工労働局
		31②	環境浄化関連産業の育成によるクラスター形成	商工労働局
	県内企業による海外成長市場への参入・獲得を推進します。	32①	海外ビジネス展開の活性化	商工労働局
	高度な技術・技能や経営感覚を持ったプロフェッショナル人材などイノベーションを生み出す多彩な人材の育成と集積等を推進します。	33①	イノベーション人材等の育成・確保	商工労働局
	基盤技術を継承する技術・技能人材の育成などを推進します。	34①	技能人材の育成・確保	商工労働局
農林水産業	実需者ニーズに応える農産物の流通改善，生産体制を構築し，販売戦略の実現に向け取り組みます。	35①	県産農産物のシェア拡大	農林水産局
		35②	レモン生産量の拡大	農林水産局
		35③	生産者と消費者・多様な事業者との連携	農林水産局
		35④	担い手への農地集積	農林水産局
		35⑤	担い手の確保・育成	農林水産局
	広島県産和牛の生産拡大や畜産物の販売力強化により，販売戦略の実現に向け取り組みます。	36①	広島県産和牛の生産拡大・畜産物の販売力強化	農林水産局
	県産材の需給をマッチングさせた流通構造への転換や，需要拡大を進めるとともに，競争力のある供給体制の構築に取り組みます。	37①	競争力のある県産材の供給体制の構築	農林水産局
		37②	森林資源の循環利用	農林水産局
		37③	林業従事者の確保・育成	農林水産局

領域	取組の方向	番号	ワーク名称	主担当局
	ニーズを踏まえた瀬戸内水産資源の増大と担い手の育成,かき生産体制の近代化に取り組みます。	38①	瀬戸内水産資源の増大	農林水産局
		38②	かき生産体制の構造改革	農林水産局
		38③	漁場環境の整備	農林水産局
		38④	担い手の確保・育成	農林水産局
観光	「ひろしまブランド」・「瀬戸内ブランド」の確立に向けた観光情報発信の強化や地域の特色を生かした魅力ある観光地づくりに取り組みます。	39①	観光地の魅力向上	商工労働局
観光	観光人材の育成等による受入体制の整備を促進し,おもてなしの充実に取り組みます。	40①	おもてなしの充実等による満足度の向上	商工労働局
観光	国際観光の確実な推進に取り組みます。	41①	外国人観光客の増加	商工労働局
交流・連携基盤	中四国地方における拠点空港である広島空港や,国際海上コンテナ輸送網の拠点である広島港,福山港等のグローバルゲートウェイ機能の強化に取り組みます。	42①	広島空港（国際線）の利用拡大	土木建築局
交流・連携基盤		42②	港湾（国際航路）の利用拡大	土木建築局
交流・連携基盤		42③	クルーズ客船の誘致	土木建築局
交流・連携基盤	企業活動を支える物流基盤の充実や「ひと・まち」をつなぐ広域道路ネットワークの構築に取り組みます。	43①	広島空港（国内線）の利用拡大	土木建築局
交流・連携基盤		43②	広域道路網及び物流基盤等の整備	土木建築局

■**安心な暮らしづくり**

領域	取組の方向	番号	ワーク名称	主担当局
医療・介護	効率的かつ質の高い地域完結型の医療提供体制を県内全域で構築します。	44①	医療資源の効果的な活用	健康福祉局
医療・介護		44②	救急医療体制の確保	健康福祉局

		44③	災害医療体制の確保	健康福祉局
		44④	小児救急医療体制の確保	健康福祉局
	医療・介護・予防・住まい・生活支援が一体的に提供される地域包括ケアシステムの構築を，行政・関係機関・住民が一体となって進めます。	45①	在宅医療連携体制の確保	健康福祉局
		45②	介護サービス基盤の整備	健康福祉局
		45③	介護サービスの質向上と適正化	健康福祉局
		45④	認知症サポート体制の充実	健康福祉局
	医療資源が集中する都市部の医療提供体制の効率化・高度化を進めます。	46①	広島都市圏の医療提供体制の効率化・高度化	健康福祉局
	医師が不足する診療科の偏在を解消し，地域医療を担う医師・看護師等の人材の確保・育成に取り組みます。	47①	医師の確保	健康福祉局
		47②	看護師等の確保	健康福祉局
	質の高い介護サービス体制確保のため，人材の確保・育成に取り組みます。	48①	介護人材の確保・育成，定着	健康福祉局
健康	県民の健康づくりや疾病予防，介護予防を推進し，健康寿命の延伸を目指します。	49①	健康な県民の割合の増加	健康福祉局
		49②	地域づくりを通じた介護予防活動の活性化	健康福祉局
	市町や関係機関等と連携して，自殺やうつ病等のメンタルヘルス対策を推進します。	50①	うつ病の早期対応・自殺の予防	健康福祉局
	適正な受診に向けた県民への意識啓発に取り組み，医療費の適正化に努めます。	51①	受診行動の適正化	健康福祉局
	がん対策日本一を目指し，本県の強みを生かしたがん対策を推進します。	52①	がん予防	健康福祉局
		52②	がん検診受診によるがんの早期発見	健康福祉局

		52③	がん医療提供体制の充実	健康福祉局
		52④	がんに対する正しい理解と行動変容	健康福祉局
	多数の生命・健康に被害を及ぼす感染症に対する監視と即応体制の確立を図るとともに、エイズ及び結核等の感染症に対する対策も着実に推進します。	53①	新型インフルエンザ等対策の充実	健康福祉局
		53②	その他感染症対策の充実	健康福祉局
福祉	高齢者が地域で安全・安心に暮らせるよう、多様な主体による支え合いの仕組みづくりを推進します。	54①	高齢者の支援体制の充実	健康福祉局
	県民が障害に対する正しい理解を持ち、障害者が安全・安心に暮らせるための障害特性に応じた総合支援対策を進めます。	55①	障害に対する理解者の増加	健康福祉局
		55②	保健・医療・療育体制の充実	健康福祉局
		55③	地域における生活の支援体制の充実	健康福祉局
		55④	生活環境のバリアフリー化による、暮らしやすさの実現	土木建築局
	全ての子供を社会全体で育み支える仕組みの充実を進めます。	56①	児童虐待の防止	健康福祉局
		56②	ひとり親家庭の自立支援	健康福祉局
		56③	社会的養護対策の充実	健康福祉局
環境	県民、事業者など各主体の自主的取組や連携・協働の取組を促進し、環境と経済の好循環を図りながら、環境保全の取組を着実に進めます。	57①	良好な大気・水環境等の確保による地域環境の保全	環境県民局
		57②	環境負荷の少ない社会を支える人づくり・仕組みづくり	環境県民局
	再生可能エネルギーの導入や省エネなどの地球温暖化防止対策を推進し、低炭素社会の実現に取り組みます。	58①	低炭素社会の構築	環境県民局

	循環型社会の実現に取り組みます。	59①	廃棄物の発生（排出）抑制，再利用及び再生利用	環境県民局
		59②	廃棄物の適正処理と不法投棄の防止	環境県民局
	生物多様性の保全や人と自然との共生の実現に取り組みます。	60①	生態系の保全と野生生物の種の保護	環境県民局
		60②	自然資源の持続可能な利用	環境県民局
防災・減災	県民，自主防災組織，事業者，行政等が一体となって「広島県『みんなで減災』県民総ぐるみ運動」を強力に展開し，災害に強い広島県を実現します。	61①	県民の防災意識の醸成（自助）	危機管理監
		61②	自主防災組織の活性化（共助）	危機管理監
	災害時の被害を最小限にするための県土の構築及び県・市町の災害対処能力の向上に努めます。	62①	県・市町の災害対処能力の向上（公助）	危機管理監
		62②	インフラの防災機能向上	土木建築局
		62③	住宅・建築物の耐震化	土木建築局
	主要な公共土木施設について，ライフサイクルコストの縮減や事業費の平準化を図り，計画的な維持管理を行います。	63①	インフラ老朽化対策の推進	土木建築局
消費生活	消費者，事業者，関係団体，市町等と連携し，消費者視点に立って，消費者被害の未然防止，拡大防止，救済の取組を推進します。	64①	消費者被害の未然防止，拡大防止，救済	環境県民局
	生産者・事業者・消費者及び行政が主体的に役割を果たし，相互に協働して，生産から消費に至る各段階での食品の安全・安心確保対策を徹底します。	65①	安全・安心な農林水産物の提供体制の確保	農林水産局
		65②	安全・安心な食品の提供体制の確保	健康福祉局

領域	取組の方向	番号	ワーク名称	主担当局
治安	「安全・安心なまちづくり」と「安全・安心をもたらす警察活動」を両輪として，多様な主体の協働・連携による地域の安全・安心を確保する取組を推進します。	66①	県民総ぐるみによる犯罪の抑止	警察本部
		66②	身近で発生する犯罪への対応	警察本部
		66③	子ども・女性・高齢者等を狙った犯罪への対応	警察本部
		66④	悪質重要犯罪・暴力団等の組織犯罪対策	警察本部
		66⑤	新たな犯罪脅威への対処	警察本部
		66⑥	県民の期待と信頼に応える治安基盤の確立	警察本部
		66⑦	交通事故抑止に向けた総合対策	警察本部
		66⑧	少年非行防止に向けた総合対策	警察本部
	犯罪被害者等への理解と配慮のある適切な支援体制づくりを推進します。	67①	犯罪被害者等への支援体制づくり	環境県民局

■豊かな地域づくり

領域	取組の方向	番号	ワーク名称	主担当局
魅力ある地域環境	「ひろしま」ブランドの価値向上を推進します。	68①	「ひろしま」ブランドの価値向上	商工労働局
	県内の文化・芸術・スポーツ資源や世界的知名度の活用等により，本県の魅力を創出・発信します。	69①	文化・芸術に親しむ環境の充実	環境県民局
		69②	優れた文化遺産や伝統文化に触れる機会の充実	教育委員会
		69③	スポーツ・レクリエーションに親しむ環境の充実	教育委員会
		69④	東京オリンピック・パラリンピックを活用した本県の魅力向上・発信	総務局

	高い質感を持つ街並みや都心のにぎわいなど，多様な人材をひきつける魅力的な環境の整備，創出に取り組みます。	70①	多様な人材を惹きつける魅力的な地域環境の創出	地域政策局
		70②	新たな魅力を創出するみなと環境	土木建築局
	機能集約による生活拠点の強化と拠点間のネットワーク化などにより，コンパクトで利便性の高いまちづくりを推進します。	71①	中枢拠点都市等の活性化	土木建築局
		71②	土地区画整理による市街地形成	土木建築局
		71③	道路網の整備による利便性向上	土木建築局
		71④	広域的な交通ネットワークの最適化	地域政策局
瀬戸内	国内外へのプロモーションや瀬戸内の魅力を体感する環境整備，観光関連サービス，地域産品などのプロダクトの開発誘導の充実に取り組みます。	73①	観光ブランド「瀬戸内」の実現	商工労働局
	瀬戸内の魅力ある農林水産物のブランド化に取り組みます。	75①	レモン生産量の拡大	農林水産局
		75②	かき生産体制の構造改革	農林水産局
中山間地域	自主的・主体的な地域づくりを支える多様な人材の育成・ネットワークづくりに取り組みます。	76①	地域における≪つながり力≫の強化と活躍人材の育成・ネットワークづくり	地域政策局
		76②	地域の次代を担う人材の育成	教育委員会
	多様な人たちが，地域の資源や基盤を生かして，新たな事業にチャレンジできる環境整備に取り組みます。	77①	持続的な農業生産活動の実現	農林水産局
		77②	地域≪しごと創生≫に向けたチャレンジ支援	地域政策局
	安心を支える生活環境づくりについて，市町等と連携して取り組みます。	78①	へき地医療に係る医師等確保	健康福祉局

		78②	へき地医療に係る医療連携体制の確保	健康福祉局
		78③	持続可能な生活交通体系の構築と生活航路の維持	地域政策局
		78④	中心地と周辺地域等との連携を支える基盤の整備	土木建築局
		78⑤	森林の公益的機能の維持	農林水産局
		78⑥	健全な水循環等の確保	農林水産局
平和貢献	核兵器廃絶のメッセージを継続的に発信するとともに，核軍縮・不拡散プロセスの進展への取組を促進します。	79①	核兵器廃絶に向けたプロセスの進展	地域政策局
	復興・平和構築のための人材育成と研究集積を促進します。	80①	平和構築のための人材育成と研究集積	地域政策局
	持続可能な平和支援メカニズムを整備します。	81①	持続可能な平和支援メカニズムの構築	地域政策局

コラム　テーマパークの「おもてなし経営」

　東日本大震災当日，東京ディズニーランドで，キャストがゲストに対してとった行動は，マスコミにも大きく取り上げられた。アルバイトのキャストが，自らの判断でゲストの安全を考え，防災頭巾の代わりにと販売用のぬいぐるみを配り，風雨や寒さをしのぐためにとお土産袋や段ボール，ゴミ袋を配ったのである。

　ディズニーランドで働くキャストの9割は準社員（アルバイト）である。それでもなぜ，ゲストのための行動を自ら判断して行えるのか。

　東京ディズニーリゾートが目指すのは，「ファミリー・エンターテイメントを通じたハピネスの提供」である。

　そして，ディズニーの哲学は，アルバイト募集の「キャストとは」に，次のとおり凝縮されている。「東京ディズニーリゾートは，青空を背景にした巨大なステージ。ここでは観るものすべてがショーであり，そこにいらっしゃったお客様はショーに参加していただく『ゲスト』，ゲストをお迎えするスタッフは『キャスト（役者）』と呼ばれます」

　ここでは，アトラクション操作やレジ業務などのオペレーション業務には一律の規則が存在しているが，接客業務にマニュアルは存在しない。キャストには，ディズニーの哲学やSCSEと呼ばれる行動基準が繰り返し伝えられる。また，現役キャストが講師となって，経験談を交えた知識や考え方を伝授する。こうした取組により，ホスピタリティに溢れたゲストサービスを提供するキャストが育成されていくのである。

　ちなみに，SCSEは重要な行動規準で，ゲストに最高のおもてなしを提供するための判断や行動のよりどころとなっている。Safety（安全），Courtesy（礼儀正しさ），Show（ショー），Efficiency（効率）であり，この並びがそのまま優先順位を表している。

　こうした哲学と行動規準の浸透が，大震災という予期せぬ事態の発生時においても，キャストのすばらしい行動を自然と呼び起こしたのである。

　（参考）「効率経営からおもてなし経営の時代へ」波形克彦／小林勇治　同友館

第2章
戦略の策定

第1節　戦略策定の基本プロセス
第2節　フレームワークの活用
第3節　戦略の実行とレビュー

> **Point**
> - 戦略とは，使命と価値観に基づき，限りある経営資源を最適に配分し，目指す将来の姿に向けて，そのために何をして何をしないかを示す方針・方策である。目指す将来の姿よりは具体的で，戦術より長期的，大局的で，実行のHOWとは違って，WHAT，WHYを問題にするものである。
> - 戦略策定は，①目的（領域，目標）の設定，②内部環境，外部環境などの現状分析，③問題の構造化，④解決策の仮説構築，⑤実行計画の策定の5段階のステップを経ることを標準とする。
> - 解決策の仮説構築に当たっては，So What？（だから，なに？），Why So？（それは，なぜ？）が繰り返され，掘り下げられていることが重要である。また，各ステップでは，ビジネス用に開発された経営戦略やマーケティング戦略に係るフレームワークを応用することが有用である。
> - 成果を生み出すためには，戦略実行後の検証を行うこと，いわゆるPDCAを回すことが重要である。戦略に定める解決策は仮説であり，これが正しかったか，有効であったかの検証を行うことで戦略を改善し，成果を生み出し高めていく必要がある。さらに，戦略で設定している重要な業績指標（KPI）の達成状況を一定の期間でモニタリングすることにより検証をより確実なものとする。

第1節　戦略策定の基本プロセス

1　戦略とは何か

「戦略（ストラテジー）」とは使命（ミッション）と価値観（バリュー）に基づき，限りある経営資源（リソース）を最適に配分し，目指す将来の姿（ビジョン）に向けて，そのために何をして何をしないかを示す方針・方策である。目指す将来の姿（ビジョン）よりは具体的で，戦術（タクティクス）よりは長期的で大局的で，実行（オペレーション）のHOWとは違って，WHAT，WHYを問題にするものである。

2　戦略策定の基本ステップ

戦略を策定し，仕事を進めていく上で，最も大切なことは，こういう目的のために，何をどうやっていく。その理由は，AとBとCであると明確に説明できることである[38]。戦略を遂行するためには，内外の人々の了承と納得を得られなければならないことはいうまでもないが，実行する自らが十分理解をしていないと目標に到達することができないからである。しかし，戦略を十分に練り上げていないとこの問いに明確に答えることができない。

図表2-1をご覧いただきたい。戦略策定から実行，検証までの大まかなステップを図示している。

第1に，戦略はより上位の基本理念やビジョン，それに基づく中長期の領域的計画に沿う必要がある。このことは，第1章でも述べたところである。が，これらの上位の理念やビジョンは大まかな方向性を定めているに過ぎず，実際の戦略策定にあたっては，この制約条件や境界条件を再度定義し直すことが重要である。また，この制約条件，境界条件[39]には，これまでの事業スタイル，

図表2-1　PDCA

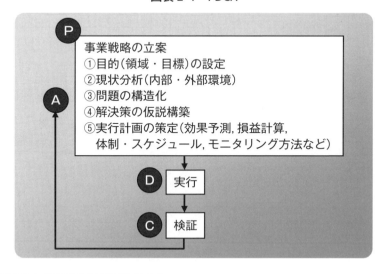

38　山梨広一［2014］「シンプルな戦略」東洋経済新報社
39　問題解決の前提条件や許容される解決策の範囲

経営資源の制約などもあるが，これらについても再定義を行うことが重要である。これは，最初から制約条件や境界条件があるから駄目だという「否定」をなくすことによって，課題に対する解決策の選択の幅が広がるからである。その結果, より新しい視点や斬新な発想が出やすくなる[40]。全体のプロセスの中で，このことに留意しなければならない。

次に，このような前提を置きつつ，具体的な戦略策定のステップは，①目的（領域，目標）の設定，②内部環境，外部環境などの現状分析，③問題の構造化，④解決策の仮説構築，⑤実行計画の策定とする（図表 2-2）。①の目的の設定については，ものにより目標設定から入ってもいいし，領域を確定することから入ることも可能である。特に目標設定は，実際には行きつ，戻りつ定めることの方が多く，④の仮説の構築でも⑤の実行計画のところで定めてもいいが，目標は戦略に必須である。

図表 2-2　戦略策定のステップ

①目的（領域，目標）の設定 → ②現状分析 → ③問題の構造化 → ④解決策の仮説構築 → ⑤実行計画の策定

3　目的（領域，目標）の設定【第 1 ステップ】

まず，最初に，第 1 ステップ，戦略の目的設定について考えてみよう。事業の実施中に，「この事業は何のためにやるのですか」と聞くと，意外に答えられない場合が多い。当初から，こんなことやってみようとか，いやそれよりこういう風にしようと実行については，多種多彩なアイデア出しをしているものの，そもそも，戦略の目的の議論や，論点について，So What?　Why so? の思考過程を辿っていないことが原因であろう。図表 2-3 をご覧いただきたい。目的の設定の一例として，「瀬戸内」海の道構想[41] を取り上げてみたい。

40　山梨広一［2014］「シンプルな戦略」東洋経済新報社
41　平成 22 年 10 月広島県

第1節　戦略策定の基本プロセス

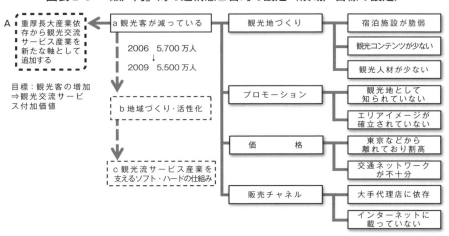

図表 2-3　「瀬戸内」海の道構想①目的の設定（領域，目標の設定）

　普通，職場では，「近年観光客が減っている。何とかしなくてはならない」といった論点から仕事が始まる。いきなり高尚な理論から始まる訳ではない。それで，まずは「a観光客が減っている」を論点として，何が原因，課題なのかが議論されるが，ここでは，マーケティングの4Pに沿って，観光地づくり，プロモーション，価格，販売チャネルなどに沿って課題が議論されている。しかし，出された課題を見てみると，一般的に観光振興に必要とされる課題の羅列に終始していることが伺える。誰もが，「瀬戸内」海の道と何か違うと感じてしまう。

　ここで意識を研ぎ澄まし，「瀬戸内」海の道は，何のためにやるのか，を再度検討しなければならない。こうした場合，心掛けるべきは，その論点の上位の論点は何か，を十分に考慮することである。次のステップとして内外の環境分析を解説するが，各ステップも実は行きつ，戻りつするのが実際であり，目的設定ステップでもこの環境分析を踏まえると，観光客が減っていることが本来の論点ではないこと，すなわち瀬戸内海地域の産業構造が重厚長大に依存し過ぎていることが上位の論点として，浮かび上がってくる。この様に，ある論点を起点に上位概念の論点を考えることで，横にある論点が浮かび上がる。論点aの上位論点Aを考えることによって，論点aと同じ階層にある論点b，論

63

点 c が見えてくる。a より下位の論点に目を向けるのではなく，より上位の論点 A を考えることで，実際は論点 a の解き方も変わってくる[42]。これら論点思考は，本格的な問題を構造化する 4 番目のステップで本格的に活用することとなるが，概括的にはこのステップでも応用できる。したがって，「瀬戸内」海の道構想の戦略目的は，域内の重厚長大な産業への依存から観光交流サービス産業を新たな軸として追加することにあることがわかる。ただし，この段階ではこの目的も仮説として置き，次のステップに進む。

　目標は，数値目標にすることが望ましいが，困難な場合には数値目標だけに囚われずに，どういう状態に変化させるのかを目指すのかでもよい。行政機関の場合，成果が直接的に反映されるようなデータを収集することが困難な場合もあり，数値目標に拘ることで却って目指す姿が曖昧になるケースさえある。こうした場合は，参考となる指標を併せて設定し，達成状況を判断する際の補助材料とすることも検討すべきである。

　目標を定めるとき，重要なことはどういったレベルで目標を設定するかであり，一般的には図表 2-4 の SMART の基準が参考となる。目標があまり高いと，実行段階で組織や個人が押し潰されたり，かといって楽勝の目標では，組織や個人の能力を引き出したとは言えない。また，景気や人口動態などは，目標とすべきか，与件（Given）とすべきか，十分に検討する必要がある[43]。なお，領域の設定については，次節（フレームワークの活用）で述べることとする。

図表 2-4　SMART

S	strech	背伸びした目標であること
M	measurable	測定可能であること
A	achierable	達成可能であること
R	realistic	現実的であること
T	time-related	期限が決められていること

42　内田和成［2010］「論点思考」東洋経済新報社
43　堀　公俊［2013］「ビジネスフレームワーク」日本経済新聞出版社

4　内外の現状分析【第2ステップ】

内外の環境分析については，アルバート・ハンフリーのSWOT（図表2-5）の活用を勧めたい。自社＝内部環境の強み（Strengths）と弱み（Weaknesses），外部環境の変化としての機会（Opportunities）と脅威（Threats）を明らかにし，それらを組み合わせ外部の環境を分析する手法である[44]。

図表 2-5　SWOT 分析

		内部環境	
		強み（S）	弱み（W）
外部環境	機　会（O）	積極攻勢	弱点強化
	脅　威（T）	差別化	防衛／撤退

これを実際の「瀬戸内」海の道構想で分析されている項目をわかりやすく整理，分析したものが図表2-6である。強み×機会には，瀬戸内の強みを活かした積極攻勢を，強み×脅威には，外部環境変化に応じた差別化方策を，弱み×機会では弱点強化策を，弱み×脅威では，防衛，あるいは撤退の分析を行っている。

44　堀　公俊［2013］「ビジネスフレームワーク」日本経済新聞出版社

図表 2-6 「瀬戸内」海の道構想 SWOT 分析

	強み	弱み
「瀬戸内」海の道	・温暖，多島美，景観，多種多様な食文化 ・地域に根差した歴史と文化，芸術，産業空間 ・クルージング，サイクリングなど，広域的取組が可能	・特にインバウンドで未知の地域 ・宿泊，観光施設が脆弱 ・素通りが多い ・域内産業転換の遅れ
機会 ・世界的観光ビッグバンの始まり ・着地・滞在型観光の傾向 ・アジアからの観光客が増大傾向	・温暖・多島美・食・歴史・文化芸術を活かす観光交流 ・クルージング・サイクリングを活かす着地・滞在型観光	・ローコスト・ラグジュアリの二方面作戦 ・アジアの成長を取り込んだ観光交流サービスの追求
脅威 ・国内観光客が減少している ・世界の観光マーケットは拡大しているが，他県と比較すると本県への入込は少ない ・外国人は，欧米からが多く，アジアからは少ない	・ローコスト・ラグジュアリの二方面作戦 ・アジアの成長を取り込んだ観光交流サービスの追求	・まずは，認知度アップ作戦 ・地域づくり，地域活性化の盛り上げ

5　問題の構造化と課題の抽出【第3ステップ】

　第1ステップの目的や領域，目標を定めるために大きな論点を把握したが，第3ステップでは，課題を構造化し解決すべき課題を絞り込んでいく作業が必要となる。第1ステップの続きとして，図表2-7のとおり，課題を構造化していく。基本は，すべての課題を構造化し，全体像をつかむことが重要であるが，実際は多少経験と勘をも用いながら，大論点や小論点をランダムに並べ，こうして当たりをつけながら，最後に念のため全体像を整理し確認する[45]。

45　内田和成［2010］「論点思考」東洋経済新報社

第1節　戦略策定の基本プロセス

図表 2-7　「瀬戸内」海の道　課題のロジックツリー

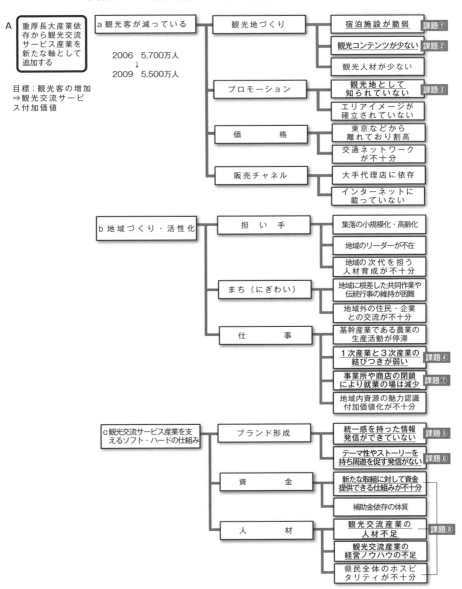

次に各課題を図表 2-8 に当てはめ，優先的に取り組むべき課題を抽出，分類する。縦軸と横軸は色々考えられるが，仮に縦軸に事業効果，横軸に実現性をおいて，それぞれの課題を掘り下げて吟味し，それぞれの象限に位置付けを行う。

第Ⅰ象限は，効果と実現性とも高いので最優先で取り掛かるべき課題といえる。第Ⅱ象限は，効果は高いが実現可能性が低いので，計画を建てて長期的に取り組むこととする。第Ⅲ象限は，効果，実現性とも低いので優先度は下がる。第Ⅳ象限は，効果は低いものの実現性に優位性があるので，速攻で効果が欲しい場合，段階を追って成果を見せる必要がある場合など，いわゆるローハンギングフルーツ[46]として取り扱う。

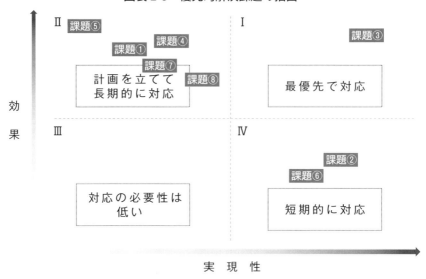

図表 2-8　優先的解決課題の抽出

（注）その他の課題は第Ⅰ象限に区分されるため記載を省略している。

46　Low-Hanging Fruit ＝大きな努力をしなくても簡単に達成できる目的や仕事のこと

6　解決策の仮説の構築【第4ステップ】

次に，解決策の仮説を検討していく。図表2-9をご覧いただきたい。この図表は，説明用にまとめられているものであるが，図表中戦略テーマとされているところが，解決策の仮説がとりまとめられている。例えば，「瀬戸内　宿で楽しむ朝景夕景」は，宿泊施設の拡充とコンセプトを表している。課題と解決策の対応関係は，下のカッコ書きのとおりである。

図表 2-9　解決策の仮説

ブランド	瀬戸内ブランド　千年の歴史・芸術・文化と世界に比類なき多島美を誇る時空を超えた人々との出逢いのみち
サブブランド	多島美景観 まちなみ景観 ／ 地域に根差した文化・芸術・産業 ／ 独特の食材 農林水産物
戦略テーマ	瀬戸内 サイクリングロード／里・海・島の五感体感ツーリズム／船と航路とみなと賑わい／瀬戸内 宿で楽しむ朝景夕景／みなとまちルネッサンス／瀬戸内 アート回廊／瀬戸内 食のトップブランド
個別PJ	個別プロジェクト

（構想推進母体：一体的情報発信・プロモーションの展開／受入インフラ整備・地域産業の育成／人材確保・育成・資金提供機能の整備等）

　a 課題①　宿泊施設が脆弱→瀬戸内　宿で楽しむ朝景夕景
　　課題②　観光コンテンツが少ない→里・海・島の五感体験ツーリズム，瀬戸内　サイクリングロード
　　課題③　観光地として不知，エリアイメージ→一体的情報発信・プロモーションの展開
　b 課題④　一次産業と三次産業の結び付き→食のトップブランド
　　課題⑤　ブランド形成→みなとルネッサンス，瀬戸内　アート回廊
　　課題⑥　テーマ性，ストーリー性→船と航路とみなと賑わい

課題⑦　事業所，商店街→地域産業の育成
　c 課題⑧　人材不足，ノウハウ，資金供給→人材確保・育成，資金提供
　　　　　　機能の整備

　課題を絞り込んで解決策を考えていく場合，仮説思考が有効である。実は，課題の設定，絞り込みは，詳細な環境分析を前提としているが，そもそもは仮説である。課題を解決する場合，課題そのものを発見する「課題発見の仮説」と，明らかになった課題を実際に解決する「課題解決の仮説」の二段階の仮説を用いる。実際の仕事（ビジネス）では，問い自体が不明確な場合が多いので，そういう場合には，まず課題発見の仮説から始めることとなる。課題を認識してその箇所を特定するところから課題解決は始まる[47]。

　「瀬戸内」海の道構想で，上記の①から⑧までの課題に対して，右の解決策やそのテーマを設定しているが，両者はそれぞれ仮説である。仮説というと無責任な方法論と感じるかもしれないが，時間の限られていない仕事はなく，調べ尽くして実行していたのでは，もう事態は終了しているかもしれない。しかも，ここに至るまで，かなり分析は進んでいるし目的もはっきりしているところでもある。仮説を立てる場合でも，分析の結果やそもそもの目的を頭から離してはいけない。更に，仮説設定後，机上でも厳密に検証する必要があるし，また，実行してからの検証を必ず行った上で，仮説を進化させていくことが重要である。

　内田氏の「仮説思考」によれば，仮説を組み立てるにあたって重要なのは，現場や顧客からの意見，職場での議論である。また，頭の使い方としては，①反対側から見る＝顧客，消費者の視点を持つ，現場の視点で考える，競争相手の視点で考えること。②両極端に振って考える＝戦争と平和，攻撃と防御，ブランド品を極端に値下げしたら果たして収益が上がるかなど。③ゼロベースで考える＝既存の枠にとらわれないこと。また，よい仮説とは，①掘り下げられていること。すなわち So What?（だから，なに?），Why So?（それは，な

---

[47] 内田和成［2006］「仮説思考」東洋経済新報社

ぜ?)が繰り返されていること。次に、②アクションに結びついていること、である。

7　実行計画のまとめ上げ【第5ステップ】

最後に、事業概要と必要な予算と人員を検討して、図表2-10のとおり実施計画をまとめ上げる。様式は例示であり、様々な様式が考えられるが、これまで説明してきた各ステップの要素は外してはならないが、様式や説明の順番は時や場所、相手で選ぶことが重要である。図表1-10（第1章）が、広島県における実践例であるので参照されたい。

図表2-10　目論見書

ワーク	目的・目標	課題	解決策（仮説）	事業
「瀬戸内」海の道構想の推進	第1ステップ	第3ステップ	第4ステップ	第5ステップ
	現状			予算・人員
	第2ステップ			第5ステップ

コラム 代表的な戦略論 〜孫子の兵法〜

「戦略」とは,「敵との戦いにいかにして勝つか」であり,歴史上代表的な戦略論には,中国の「孫子の兵法」,イギリスの「マンチェスター戦略」,日本でいえば,「山鹿流兵学」などがある。

ポーター,ドラッカー,コトラーなど現代の経営戦略論は,これらの戦略論の延長線上にあるといっても過言ではない。

孫子の兵法

孫子が活躍したのは,今から2500年ほど前の春秋時代の末期であるが,「孫子の兵法」が唱える,戦い方の原理,原則(戦略と戦術)の多くは,次のとおり,現在にそのまま通じるものである。

・勝算の検討
　敵と味方の戦略を分析し,比較し,勝算の有無を検討する。検討は,あくまでも具体的な数値で科学的合理的に分析比較し算出する。そして,勝算がなければ,戦ってはいけない。

・弱者が強者に勝つ戦い方
　こちらのペースで戦うようにする。自軍の戦力を集中し,敵の戦力を分散するなど。

このほか,情報の重要性の認識・情報の駆使などを説いているほか,リーダーシップにも言及している。

(参考)「孫子」

第2節　フレームワークの活用

1　概要

　図表2-11をご覧いただきたい。基本となる経営戦略からマーケティング戦略に至る流れ図である。前節での戦略策定のステップに沿うと，環境分析に入る前に基本理念やビジョンから落ちてくる部分，あるいは序章で取り上げた法領域を基にした行政の領域検討の部分において，取りかかろうとする領域や目的を再確認，再定義するステップを経る必要がある。民間企業と違い，地方自治体の事業戦略は顧客価値創出だけが目的ではないため，直接的にこれらのフレームワークを活用できない場合もあるが，大筋において，経営戦略からマーケティング戦略に進む民間企業の一般的な思考と作業を応用することが役立つ場合がある。また，自らの戦略策定にとどまらず，産業振興の分野では事業者支援に関しても経営戦略やマーケティング戦略を知っていることが，本来業務の前提であるべきであり，この種の業務に携わる行政マンがこの流れと具体的なフレームワークを知っていて損はない。

　以下，数々のフレームワークを概観していくが，これらは前節において説明した戦略策定の各ステップにおける補助線の役目を果たすものである。詳細については，原書や専門書にあたり的確な知識を得ていただきたい。

図表2-11　戦略策定の流れとフレームワーク

【ミッション】
【バリュー】
【ビジョン】に基づく目的・目標・領域検討

【環境分析】
・PEST分析
・3C・4C分析
　ロジャースの普及曲線
・SWOT分析

【全社戦略】
・アンゾフ・マトリクス
・プロダクト・ポートフォリオ・マトリクス

【事業戦略】
・5F分析
・バリューチェーン分析
・アドバンテージ・マトリクス
・競争戦略ポジショニング

【マーケティング戦略】
・セグメンテーション
・ターゲティング
・ポジショニング
・マーケティング・ミックス(4P)
　AIDMA，パイプライン

2 環境分析フレームワーク

(1) PEST分析

図表2-12　PESTを使ったコンテクストマップ

P（政治）	E（経済）
・防災と福祉に重点を置く政策 ・税収アップのための増税 ・憲法改正が国民的議論に ・成長戦略のための規制緩和 ・公務員や議員の定数削減 ・地方自治と住民参加の進展	・不況を脱却し成長路線を ・安定した物価水準を維持 ・貯蓄率の低下傾向が続く ・極端な円高・円安傾向の是正 ・金融機関の世界的淘汰 ・企業の設備投資の回復傾向

S（社会）	T（技術）
・人口減少と超高齢化社会 ・都心回帰傾向と地方の過疎 ・安全や安心を求める国民心理 ・若者の失業率の上昇傾向 ・国際化に対応した学校教育 ・女性の社会進出と未婚率上昇	・通信技術の一層の進展 ・人間型ロボットが実用化 ・電気自動車のコストダウン ・自然エネルギーの利用促進 ・リニアモーターカーが実用化 ・電子マネーがさらに便利に

戦略を考えるためのリスク評価マップ

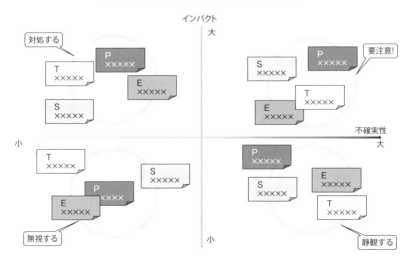

(出典) 堀　公俊 [2013]「ビジュアル　ビジネス・フレームワーク」(日経文庫)

P（Politics）では，政治や法律的視点からの分析を行う。行政も政治や法律に制約を受けるので，客観的に分析する必要がある。E（Economics）では，経済の視点から分析を行う。例えば，経済成長率，個人消費の動向，株や金利，為替相場などである。S（Society）では，社会面からの分析を行う。人口構成や消費者のライフスタイルの変化など社会や文化の分析を行う。T（Technology）は技術面からの分析である[48]。行政も企業同様に，技術に強い関心を払う必要がある。

≪行政への応用例≫

　広島県総合技術研究所では，画像処理産業用ロボットの中小企業への普及促進を目指し，PEST分析でマクロ環境の分析を行った。その概要は，図表2-13のとおりである。

図表2-13　産業用ロボット普及に向けたPEST分析

P（政治）	E（経済）
・政府の成長戦略，ロボット新戦略によるロボット導入拡大方針	・中小企業の人手不足，生産性向上志向からニーズ増加（県内企業の6割弱）

S（社会）	T（技術）
・人口減少，少子高齢化による労働人口減少予測（2060年で2010年の2割減の100万人）	・画像処理技術の向上 ・汎用品のカスタマイズ技術の向上など

　リスク評価としての確実性については，総合研究所の技術や人材の強みや共同研究企業の存在，インパクトについては，今後の市場成長率の見込みや技術の革新性を評価し，県内中小企業への画像処理技術を応用した産業用ロボットの普及促進を決めた。現在，2件の工場へのロボット導入に成功している。

48　安部徹也［2015］「MBA戦略思考の教科書」かんき出版

(2) 3C（4C）分析

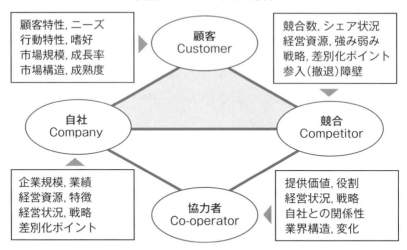

図表 2-14　3C（4C）分析

（出典）堀　公俊［2013］「ビジュアル　ビジネス・フレームワーク」（日経文庫）

　3C 分析[49]とは，Customer（顧客，市場），Competitor（競合），Company（自社）の頭文字をとったものであり，ミクロ環境を分析するフレームである。まず，Customer の視点からは，市場を分析していく。市場規模はどのくらいか？ 市場の成長率はどのくらい見込めるか？ など，現在ビジネスを展開している市場，もしくはこれから参入しようとしている市場に関して，規模や成長率，特徴などを詳細に掘り下げていく。続いて，Competitor の分析では，競合企業の戦略，業績，経営資源という 3 つの視点から分析する。最後は，Company の分析であるが，自社の分析でも，競合企業の分析と同じ，戦略，業績，経営資源の視点から分析を行う。最後の C は，Cooperator で，適切なパートナー企業の分析であり，これを加えて 4C 分析という場合がある[50]。

　顧客を分析する上で役立つフレームワークに，図表 2-15 のロジャースの

49　大前研一［1975］「企業参謀」
50　安部徹也［2015］「MBA 戦略思考の教科書」かんき出版

普及曲線[51]がある。この理論では，新しい製品などに一番先に飛びつく人をイノベーターという。その次は，イノベーターの動きを見たり，雑誌とかテレビに新製品が紹介されたのを見て買う人のことをアーリーアダプターという。その次に買う人が一番多く，これをマジョリティーという。マジョリティーにはアーリーとレートの二通りを考える必要がある。そして一番遅れて最後の最後に買う人をラガード，遅れてきた人という。これらの顧客については，マーケティングの方法を変えていくことが重要となる。イノベーターはとにかく新し好きで，価格には無頓着，アーリーアダプターは価格も気にする。マジョリティーの初期になると，価格を安くするとか，売上を伸ばすためにもっとプロモーションを考慮するとかが必要になってくる[52]。これが，この曲線による顧客分析の例である。

図表 2-15　ロジャースの普及曲線

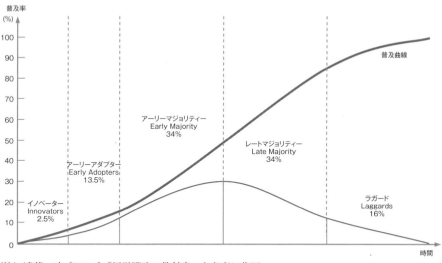

（注）遠藤　功［2011］「経営戦略の教科書」を参考に作図

51　エヴェリット・ロジャース［1962］「イノベーションの普及」
52　早稲田大学ビジネススクール［2012］「ビジネスマンの基礎知識としての MBA 入門」日経 BP 社

≪行政への応用例≫

　広島県の人口は，平成 10（1998）年の 288 万人をピークに減少が続き，出生率や転出超過が現状のままで推移すれば，2060 年の県の人口は 190 万人程度まで減少する見込みである。一方で，出生や県内での就職など社会移動に関する県民の希望が実現した場合は，235 万人程度の人口が維持できる見込みである。ひろしま未来チャレンジビジョンに掲げる目指す姿を実現していくためには，人口減少への対応は避けて通れない喫緊の課題である。

　こうしたことから，少子化対策，子育て対策などの自然減対策と，定住促進などの社会減対策の両面から施策を強力に進めることとしている。

　図表 2-16 は，東京圏から広島への移住者を確保していくための施策を行うに当たって 3C 分析を行った結果である。

図表 2-16　東京圏からの移住者の確保に向けた 3C 分析

【外部環境】

移住者 Customer
- 東京圏においては，地方移住への関心が高まっている。
- 40 代以下の若い世代の地方移住への関心が高い。
- 移住希望者は，新しい働き方による自己実現や，利便性と快適性が両立した生活環境へのニーズが強い。

他県 Competitor
- （差別化のポイント）
- 東京がターゲットであるため，多くの県が，「田舎暮らし」をアピール
- （営業方法）
- 東京に定住相談窓口を設置
- 嘱託員等を相談員として配置し，窓口対応を実施
- 関連情報を総合的に掲載した移住専用 HP の開設
- 定住専門誌での発信
- （移住環境の整備）
- 空き家バンクやハローワーク等と連携した受け皿づくり

第2節　フレームワークの活用

【内部環境】

広島県
Company

（差別化のポイント）
・都市と自然が近接しており魅力的なライフスタイルの実現が可能

（営業方法）
・東京に定住相談窓口を設置
・県職員を相談窓口に配置し，細やかな窓口対応，相談者データの分析，在京の関係団体や人材とのネットワークづくりを実施
・ライフスタイルの魅力発信に特化した移住専用HPの開設
・ライフスタイル系全国誌を活用した発信

（移住環境の整備）
・空き家や仕事の掘り起こしや移住者の受け入れ拠点の整備など，市町や地域と連携した受け皿づくり

　まず，「顧客」である「移住者」は，ふるさと回帰支援センターなどの調査によると，
・東京圏においては，地方移住への関心が高まっている。
・40代以下の若い世代の地方移住への関心が高い。
・移住希望者は，新しい働き方による自己実現や，利便性と快適性が両立した生活環境へのニーズが強い。
という傾向にある。

　次に「競合相手」となる「他県」，特に先進県の「差別化のポイント」，「営業方法」などの営業戦略等を明らかにし，これらに関する「自社」である「広島県」の戦略の有効性を，「移住者」の傾向を踏まえながら分析を行っている。

(3) SWOT分析

　これについては，図表2-5 SWOT分析をご覧いただきたい。

3　全社戦略フレームワーク
(1)　アンゾフ・マトリクス

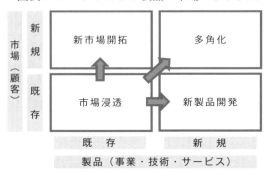

図表 2-17　アンゾフの製品・市場マトリクス

(出典) 堀　公俊 [2013]「ビジュアル　ビジネス・フレームワーク」(日経文庫)

　持続的な安定成長のためには，事業の成長・拡大を検討する必要がある。現在取り組んでいる事業は，図の左下の象限，すなわち既存市場・既存事業の部分に相当する。成長を考える際には，まず，今行っている事業，市場を深掘りすることができないか検討することが出発点である。

　2つ目の方向は，新市場開拓による市場拡大を図る戦略である。既存の事業や製品を新たな市場で展開するという考え方による。3つ目の方向性は，既存の市場へ新製品等を投入する，すなわち，新事業展開による事業の拡大である。そして第4の方向性が，新事業を新市場で展開するという飛び地的な戦略，多角化である。これには大きなリスクを伴う場合が多い。

　このマトリクスは，企業の成長の方向性を整理し，検討する際に有効で，成長の可能性だけではなく，事業間の共通性やシナジーを考え，最適な事業の組み合わせを検討することが重要となる[53]。

≪行政への応用例≫

　広島県では，児童，生徒の相対的な学力低下の状況を打開すべく，県内の小中・高等学校を対象に，カリキュラムを開発し，パイロット校を核として

53　遠藤　功 [2011]「経営戦略の教科書」光文社

学力の向上に取り組んできた。この取組は一定の成果を挙げ，学力の全国的な順位も上昇傾向にある。更に，平成26（2014）年度に「学びの変革」アクション・プランを定め，今後は，「知識ベースの学び」に加え，「コンピテンシーの育成を目指した能動的な学び」を促す教育活動を推進することとした。平成27（2015）年度には，これらの取組をけん引する「グローバル・リーダー育成校（仮称）」設置に係る基本構想を発表した。

図表2-18　学びの変革に向けたアンゾフ・マトリクス

	既存	新規
新規市場（顧客）	学力の向上の全県・全校展開	グローバル・リーダー育成校開設
既存市場（顧客）	パイロット校における学力の向上の取組	コンピテンシー教育グローバル教育

製品（事業・技術・サービス）

　アンゾフ・マトリクスは，企業の持続的な安定成長を検討する場合に用いるものであり，これを行政に置き換えれば，政策や施策を時代の進展に併せて発展させることを検討するツールとして応用できる。まず，既存市場での既存事業を「学力向上」に置き，将来の教育の在り方を考えてみると，これまでの産業社会では「何を知っているか」重要視されていたが，今後の産業社会は新しい知識，情報，技術を駆使して新たな付加価値を生み出していく知識創造型に変化していくと想定される。加えて，グローバル化は益々進展していく。この様な激しい社会変化のもとでは，「知っている」ことは，解決策を見出す能力とはならず，ひとつに，課題を発見しこれを解決していくコンピテンシー能力，次にグローバル化に対応した能力が要求される。従って，既存市場においても，新規の商品として，コンピテンシー教育，グローバル教育を展開するべき必要性が見出される。

　次に，既存商品を新規市場に拡散させる場面では，学力向上の取組をパイ

ロット校以外の全県，私立学校を含む全校に波及させる取組の必要性がわかる。そして，新市場での新商品は，先に述べた「グローバル・リーダー育成校」であり，このことで広島県教育の次元を高め，次代に引き継いでいくことの重要性が認識できる。このような応用例が参考になる。

(2) プロダクト・ポートフォリオ・マトリクス

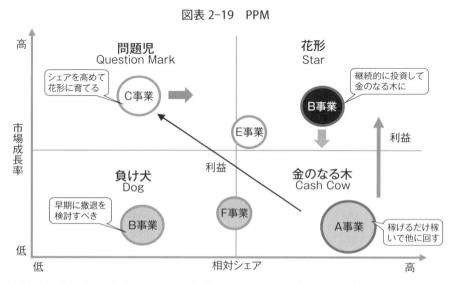

図表2-19　PPM

(出典)堀　公俊[2013]「ビジュアル　ビジネス・フレームワーク」(日経文庫)

　複数の事業を抱える企業では，キャッシュフローの観点から資金を生み出す事業と資金を投資しなければならない事業の組み合わせ，バランスをコントロールする必要がある。このバランスが崩れてしまうと，成長鈍化，資金不足という大きな問題が起きてしまう。

　PPM[54]は，多様な事業群を市場成長率，相対市場シェアという二つの軸を用いて，花形事業（Star），金のなる木（Cash Cow），問題児（Question Mark），負け犬（Dog）という4つのセグメントに分類する。これによって，

54　BCG（ボストン・コンサルティング・グループ）による

事業の組み合わせが最適かどうか判断し，適切な打ち手を講じることが可能となる。

このフレームワークは，事業の組み合わせだけではなく，ある事業内の組み合わせにも応用できる。また，図表2-17，アンゾフも含めて，フレームワークは，数値データに基づいて，定量的に行うことが重要である[55]。

≪行政への応用例≫

同一の施策領域において，事業間の共通性やシナジーを考え，最適な事業の組み合わせを検討する場合においても，PPMのフレームワークは活用できる。

行政においては，「サービス」の提供に当たって，競争相手が不在の場合が多いことから，「市場の成長率」「相対シェア」の軸を「新たな取組の必要性」「見込まれる効果」などに，適宜置き換えて検討する。

「問題児」となるのは，住民ニーズはあるなど，事業実施の必要性は高いが思ったほど効果が出ていない事業。仮に普及啓発を行う事業であれば，ターゲットや媒体を見直すことなどにより事業効果を高めていく。必要とあれば，リソースの追加投入も考えなければならない。

次に「花形」となるのは，必要性も高く，実施効果も高い事業。こうした事業は，リソースの投入も盛んに行っている場合が多い。民間企業でいえば，売り上げも上がっているが，同時に費用も多額に必要で，キャッシュフロー的に黒字幅は薄い場合もある。効果を維持しつつ，行政以外の主体でも実施できるよう，役割分担や費用分担の検討を行い，その上で必要なものは次の「金のなる木」に転換していくことも考える必要がある。

「金のなる木」は，営利獲得を志向しない行政では，感覚的にそぐわないため「定型業務」と言い換えてみるとわかりやすい。定型業務については，ITシステムの活用や業務の委託など財源や人役などのリソース投入をできる限り低減させ，新たな取組に向け必要なリソースを捻出する。

新たな取組の必要性が低く，見込まれる効果も低い「負け犬」に区分される

55　遠藤　功［2011］「経営戦略の教科書」光文社

事業については，速やかに事業廃止や抜本的な見直しを検討する必要がある。

図表2-20は，こうした分析などに基づき，事業の優先順位を整理しているものである。

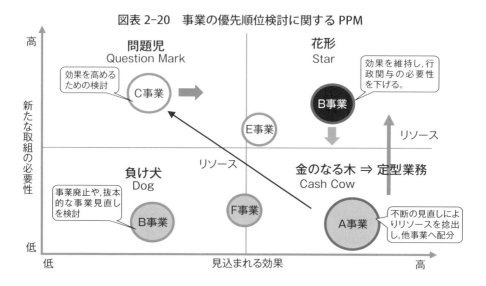

4 事業戦略フレームワーク

(1) 5F分析

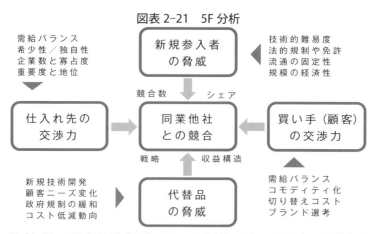

(出典) 堀 公俊［2013］「ビジュアル ビジネス・フレームワーク」（日経文庫）

5F（フォース）分析[56]は，事業の構造を5つの観点から分析して魅力度を測るものである。まずは，仕入れ先の交渉力は，その企業に対して原材料を供給する供給業者との力関係を示したものである。これらの供給業者と自社の力関係を分析して，どちらの力がどの程度強いかをこの仕入れ先の交渉力で測ることとなる。次に，買い手の交渉力は，自社にとって商品やサービスを提供する顧客を表す。この買い手の交渉力では，自社と顧客との力関係を把握して業界の魅力度を測る。3つ目は，新規参入者の脅威である。技術的な難易度や法規制などの参入障壁が低ければ，新規参入は容易であり，これが大きな脅威となる。4つ目は，代替品の脅威である。企業間の競争は，同じ製品やサービスばかりではなく，同じような機能を持った製品の影響も受ける。代替サービスが数多く存在する場合や，代替品の成長が著しい場合，そして代替品を提供する企業の規模が大きく利益率が高い場合などは，代替品の存在に自社の事業が影響を受けることになり，大きな脅威となる。顔ぶれの変わる市場で，次々に新たな競争相手が参入してくる事態になれば自社の事業の脅威が増すこととなる。ファイブ・フォースの最後が，競合の程度となる。競合の程度で業界の魅力度を測ると，同じ市場にライバルが多い場合，また少なくても規模の大きい強い相手が存在すれば，業界の魅力は減少するし，一方競合する企業が少ない場合は業界の魅力は高くなる。このように5F分析は事業の魅力度を測るフレームワークとして利用されているが，どの要因もマイナス評価であっても，それを自社に有利に変えることができれば，競争優位を実現できる[57]。

≪行政への応用例≫

妙な言い回しではあるが，広島県の農業が，特に園芸作物—キャベツ栽培が広島県でやっていけるか，県内の市場に参入できるかどうか，5フォースを用いて検討したものが図表2-22である。

広島県の農業は，耕地面積の7割を占める水稲について，①主食用米の一人あたり消費が現在，昭和30年代の約半分の56.3kgと人口減少，食生活

56　マイケル・ポーター［1982］「競争の戦略」土岐・中辻・小野訳　ダイヤモンド社
57　安部徹也［2015］「MBA戦略思考の教科書」かんき出版

の変化により減少していること。②経営力の高い担い手への，農地集積率が全体面積のうち19％の約1万haに過ぎないこと。③農業従事者34,000人のうち，49歳以下は4％と，極めて若い農業者が少ないことなど，大きな課題を抱えている。

広島県の野菜の市場規模は，平成23（2011）年で，1,105億円であるが，一方県内の野菜生産額は，181億円と，9.5％に過ぎない。つまり，県内で消費される90.5％は，他県産である。テーマは，この市場に広島県産の野菜が参入できるか，事業に魅力はあるか，ということにある。

図表 2-22　広島県の野菜農業の 5 フォース分析

売り手の交渉力	・農業への供給は，農機，設備，種子，苗，農薬，肥料などであるが，その多くは農業協同組合経由で買われる。高額な農機や設備が収益を圧迫する例もある。 ・農協が内部改革を進め，多くの事業者との接点を持ち組織の内外に競争原理を持ち込むことができれば，農機等の購入時の低コスト化が実現され，売り手の脅威は回避できる。
買い手の交渉力	・一般的な，農産物の流通経路は次のとおりである。 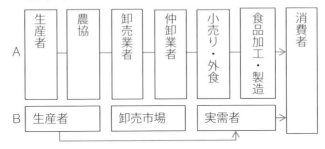 ・平成24年度で，Aルートが7割，Bルートが3割といわれている。Aルートでのデメリットは，一に流通マージンであり，次に，価格変動である。卸売市場での生産者の価格決定力は弱く，これを回避するためには，Bルートの実現，すなわち実需者との直接取引による流通マージンの低減と価格安定化を目指す必要がある。 ・広島県では，野菜農業の重点品目としてキャベツの振興を行っている。その具体的な大口実需者として，①量販店②ファミレス，お好み焼きなどの飲食業者③カット業者など

	をターゲティングしている。現在の段ボール中心のAルートによる出荷形態から，鉄コンテナや通いコンテナで，Bルート，産地直送の流通体系へのシフトを促進している。 ・このように，買い手の脅威は，実需要者との直接取引の促進で回避できる。
新規参入による脅威	・更なる他県産，あるいは輸入品が増加する脅威があるが，流通コストの低減，品質（短時間輸送による新鮮さ），県産品愛好志向，ブランド化に取り組めば，脅威は回避できる。
代替品の脅威	・広島県の重点品目のひとつであるキャベツの代替品として，白菜などが想定されるが，キャベツは，量販店，ファミレス，お好み焼きなどの飲食業者，カット業者など大口の需要が安定的に見込まれるので，代替品の脅威は少ない。
競合の程度	・今後，企業などの農業参入は増加し，競合は激しくなると予想されるが，行政としては，これをうまく県内事業者として取り込み，他方で，県内の担い手の経営力を高めていく必要がある。県内産野菜のシェアがわずか9.5％という現状に鑑みれば，食込む余地はかなり大きい。

(2) バリューチェーン分析

　事業というのは，顧客に対して製品やサービスを提供し，最終的に利益を上げていく活動である。通常，メーカーであれば原材料を仕入れ，それに付加価値をつけていくことによって最終的にマージンを確保することになる。この付加価値を生み出すプロセスを細分化し，分析していく手法がバリューチェーン分析[58]である。

　バリューチェーン分析では，企業の事業活動を2つのタイプに分類して分析する。主活動として，メーカーであれば一般的に，購買物流，製造，販売物流，販売・マーケティング，サービスの5つの活動，また，支援活動では，全般管理，人事労務，技術開発，調達活動という4つの活動に分類する。そしてこれら9つの活動において，価値を生み出す流れに無駄はないか，また足らないものがないかなどを判断して，事業戦略策定の基礎としていく。

58　マイケル・ポーター［1985］「競争優位の戦略」土岐・中辻・小野訳　ダイヤモンド社

第2章　戦略の策定

図表 2-23　バリューチェーン分析

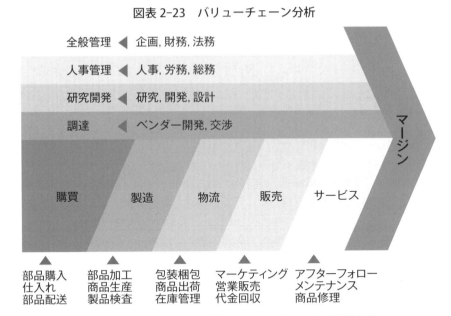

(出典) 堀　公俊［2013］「ビジュアル　ビジネス・フレームワーク」（日経文庫）

　また，バリューチェーンの個々の活動を詳細に分析し，競合他社と比較して，自社にはどこに強みがあるのか，またどこに弱みがあるのか把握していくことも競争力強化に重要である。自社のバリューチェーンをより強化して競争優位を築き，高い収益率を実現していくことが可能となる[59]。

≪行政への応用例≫

　このフレームは，本来，ひとつの事業体における事業プロセスを段階的に検討するものであるが，行政適用する場合，多数の主体と多数の支援策を同時に考えるフレームワークとして応用する場合が想定される。

　先述の5フォース分析での，「売り手の交渉力」，「買い手の交渉力」の項目を思い出していただきたい。バリューチェーン分析における，購買の部分が「売り手の交渉力」，物流・販売の部分が「買い手の交渉力」で分析した要素にほぼ等しい。製造は，農産物の生産に係る農機，設備の問題，これに

59　安部徹也［2015］「MBA 戦略思考の教科書」かんき出版

加えて農業技術という重要な問題もある。

　行政としては，例えばある業界全体のバリューチェーンの各段階を詳細に調査し，生み出される付加価値を，マイナスを含めて，その大小を検討し，最終マージンを生んでいくために各段階でどのような手を打っていくか検討するフレームワークとして応用できる。

　まずは，プロセスの全体評価を行い，各段階で，本来的に民間の力でできるかどうか，できないとすれば行政の関与の必要性などを検討する。全体を通しての，人材育成やソフトの支援を検討する必要もある。各段階ごとには，購買で，設備投資や運転資金確保などへの支援，具体的には，融資，リース，購入補助など，生産では，技術の研究開発，技術の普及などの検討も必要となる。物流・販売では，マーケティング機能が要求されるので，これらの能力，技術をどのように普及浸透させるかなどを検討する。このような形での行政施策を検討することに応用できる。

(3) アドバンテージ・マトリクス

図表 2-24　アドバンテージ・マトリクス

（出典）堀　公俊［2013］「ビジュアル　ビジネス・フレームワーク」（日経文庫）

アドバンテージ・マトリクス[60]は，それぞれの事業において「企業間の格差がどのように表れるか」に着目し，どのようにすれば優位性を構築できるかのヒントを得ることができる。縦軸に事業の競争要因（戦略変数）の数，横軸に優位性構築の可能性を設定し，この2つの軸をもとに事業を四つのタイプに分類している。

1つは規模型事業である。事業の規模が優位性を構築する唯一最大のポイントとなる事業で，規模が大きい企業ほど高い収益を上げることができる。従って，この事業の基本戦略は，シェアの拡大により規模を追求することになる。2つ目は，特化型事業。優位性を構築する競争要因が多数存在するので，事業規模にかかわらず，特定の分野でユニークな地位を築くことによって高収益を上げることが可能になる。3つ目は，分散型事業。事実上大企業が存在しない業界で，競争要因は多いけれども，圧倒的な優位性を構築するまでには至らない事業である。個人経営の飲食店や商店は，この典型的な例である。4つ目は，手詰まり型事業。事業が成熟期から衰退期へと向かい，小規模企業が淘汰され，残った大企業も決定的な優位性を構築できない状態に陥ってしまった業界がこれにあたる。

多くの事業は分散型から始まり，特化型へと変化し，更に規模型，手詰まり型へと移行する。このフレームワークに基づいて，自社の事業がどのような特性を持っているのかを見極めることによって，自分たちはどのような競争に挑むべきか，その戦い方が見えてくる[61]。

≪行政への応用例≫

図表2-25は，本県の主要企業について，横軸に売上高，縦軸に売上高経常利益率をもって，分類した分布図である（決算期は平成26（2014）年12月期から平成28（2016）年3月期）。以下，行政による支援について考えてみる。

規模型事業に分類される企業は，基本的には行政の支援は必要とされない。いわゆる重厚長大型の企業で，戦後から高度成長期を通じて広島県経済と県

60　BCG（ボストン・コンサルティング・グループ）による
61　遠藤　功［2011］「経営戦略の教科書」光文社

民の暮らしを支えてきた企業群である。我が国の成熟化とともに海外への市場拡大を図り，順調にその規模と収益性を向上させてきている。更に，グローバル化の進展に伴い，円高や世界経済に影響を受ける場合が多く，新興国との激烈な競争環境にある。行政との関わりは，立地時からインフラを中心とする支援を基本としており，引続き，この部分での関わりは大きい。また，グローバルな環境の変化に対応するために取引関係だけではなく，広く社会文化面で取引国，地域との関係を維持，向上させていくための取組に行政が協力する必要がある。

　特化型事業に分類される企業は，まさにオンリーワン，ナンバーワンと称される企業群で，自社の強みを活かし市場でのポジションを保っている。行政の支援を必要とはしないが，ケースによって，人材育成や研究開発での協同，協力関係が必要な場合があると考えられる。また，県内企業を育成していく目指す姿はこのような企業群にあると考えられ，そのための人材，研究開発，資金，事業化に至る環境整備など全般にわたる支援が必要である。現在，将来をにらみ，医療福祉，環境浄化，感性工学，航空機部品などを重点分野として支援を継続している。更に，大規模な土地やインフラ，施設，設備を必要とするような企業の立地がなかなか進まない中，企業立地の重点ターゲットはこのような特化型であるべきで，戦略的立地とそれを支える行政支援の充実が求められている。

　さて，分散型事業に分類される企業は，業種業態とも千差万別で企業数も多く，最低限セーフティネットとしての経営安定化に関する支援等が必要とされる。中でも，創業・第2創業，ベンチャー企業などの起業について，問題とされている開廃業率の向上のため，創業時における集中的かつ総合的な支援が必要である。また，起業までの環境の整備や挑戦するマインド醸成なども重要である。ここで育成した企業を特化型企業に成長させていく中長期の計画性も要求される。

　このように，アドバンテージマトリクスは対象の分類とそれぞれと行政のかかわり方の検討に応用できる。

第2章　戦略の策定

図表2-25　広島県主要企業の規模と収益比較

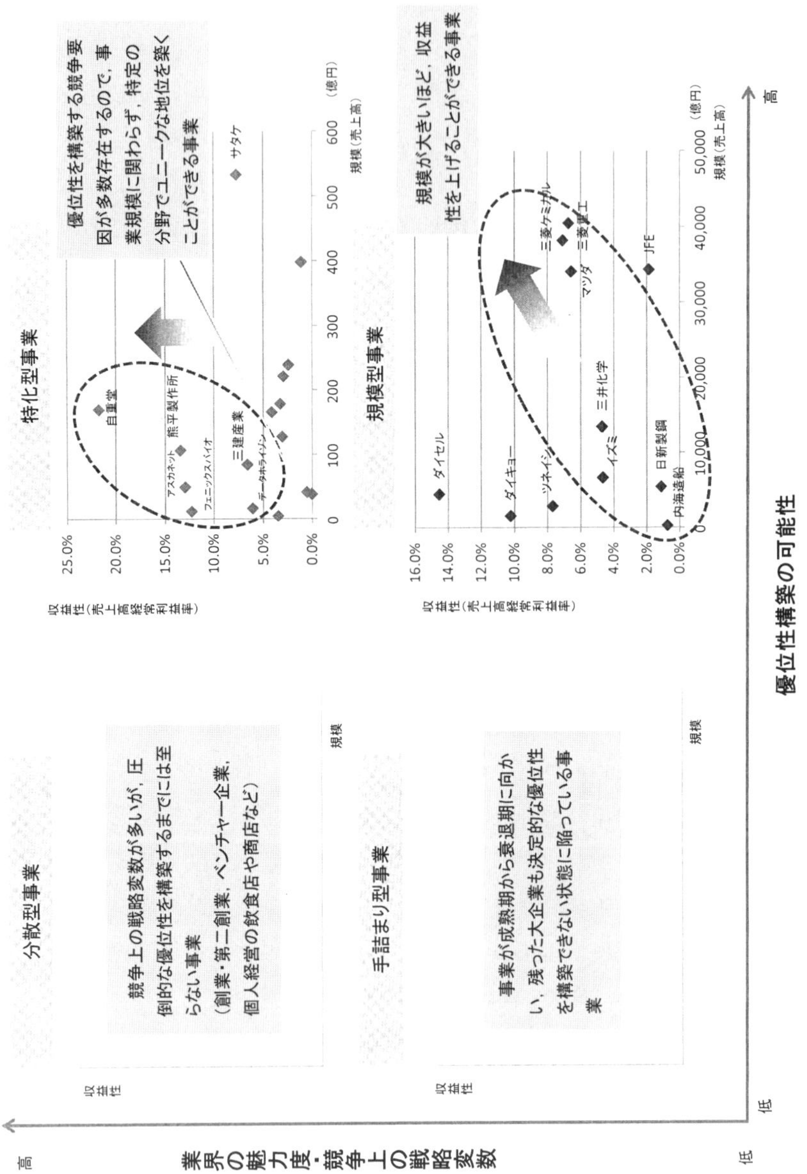

特化型事業

優位性を構築する競争要因が多数存在するので、事業規模に関わらず、特定の分野でユニークな地位を築くことができる事業

主な企業: サタケ、自重堂、熊平製作所、アスカネット、ユニックスバイオ、三違産業、データーホライゾン

規模型事業

規模が大きいほど、収益性を上げることができる事業

主な企業: 三菱ケミカル、三菱重工、マツダ、JFE、三井化学、ダイセル、ダイキョー、ツネイシ、イズミ、日新製鋼、内海造船

分散型事業

競争上の戦略変数が多いが、圧倒的な優位性を構築するまでには至らない事業（創業・第二創業、ベンチャー企業、個人経営の飲食店や商店など）

手詰まり型事業

事業が成熟期から衰退期に向かい、残った大企業も決定的な優位性を構築できない状態に陥っている事業

横軸: 優位性構築の可能性（低→高）
縦軸: 業界の魅力度・競争上の戦略変数（低→高）／規模／収益性

(出典) 2016広島企業年鑑　広島経済研究所

92

(4) 3つの基本戦略

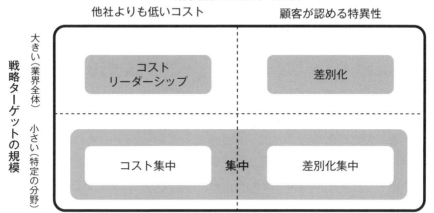

(出典) 安部徹也［2015］「MBA戦略思考の教科書」かんき出版

　ポジショニング学派のチャンピオン，マイケル・ポーターの3つの基本戦略[62]は2つの軸で考える（図表2-26）。1つは，戦略ターゲットの幅。ねらうターゲットが広い，狭いを意味する。もう1つは，低コストか，差別化で分かれる競争優位のタイプである。この2軸によって，経営戦略の3つの方向性が浮かび上がってくる。1つの方向性は，コストリーダーシップ戦略。これは広い顧客層や分野をターゲットに，コスト優位を構築することを目指す経営戦略である。コストチャンピオンを目指す。

　2つ目の方向性は，差別化戦略である。これはコストリーダーシップ戦略同様に広い顧客層や分野をターゲットとするが，コストでなく差別化されたユニークな製品，サービスの提供により，優位性の構築を狙う。差別化チャンピオンを目指す。

　しかし，企業の多くは経営資源が限られている。その場合は，ターゲット

62　マイケル・ポーター［1982］「競争の戦略」土岐・中辻・小野訳　ダイヤモンド社

とする顧客層や分野を絞り込み，コスト優位か差別化か，もしくはその両方で優位性を構築する必要がある。これを集中戦略という。特定の製品やサービス，特定の顧客層，特定の地域など，限定した領域に経営資源を集中させて，独特の価値を生み出そうとするもので，フォーカスチャンピオンを目指す経営戦略である。

この3つの基本戦略のうち，どれを主軸として選択するかは，競争の舞台となる市場において，自分たちがどのようなポジションをとるのかを意味する。目指すべきポジションが明確となって初めて，顧客から認められ，厳しい競争に打ち勝つ存在となることができる[63]。

≪行政への応用例≫

序章で述べたとおり，広範で複雑な領域をカバーする必要がある行政機関に比べて，民間企業は領域を絞り込み，市場でのポジションを確立するために競合他社としのぎを削っている。このフレームワークは，このような場合に活用するのが基本である。

行政への応用を考えた場合，それぞれの施策や事業で広いターゲットにアプローチする場合と限定されたターゲットにアプローチする場合に場合分けし，更に，施策や事業の目的や趣旨によって，低コスト路線を選ぶか，差別化路線を選ぶかを考えるフレームワークとして活用できる。併せて，施策や事業の評価の場面でも，どちらに軸をおいて施策や事業を組み立て実施しているかを基準として取捨選択するフレームワークとしても活用できるのではないか。

以下，広島県の農産物について考えてみる。広島県ではレモンの生産，販売拡大を狙っているが，平成19（2007）年からの過去5年平均の国内供給量は6万2千tで，その9割を外国産が占めており，広島県産は，その約7%，4,100tに過ぎない。外国産のリーダーに対して，ニッチを狙う必要があり，その差別化の要素は，防カビ剤を使用しない皮まで食べることのできる安全安心や瀬戸内産のフレッシュなイメージを強みとして活かす必要があ

---

[63] 遠藤　功［2011］「経営戦略の教科書」光文社

る。第6章で詳細を述べるが，広島県では，民間企業とのパートナーシップで社会的価値の創出を目指す包括連携協定を結んでいる。複数の民間企業で広島産レモンを用いた商品開発と販売を行ってもらい，広島県産レモンの強みを差別化戦略の一環として，全国に訴求している。

野菜は，先述のとおり，県内消費の挽回を図る。この意味で，主食用米やレモンに比べてターゲット市場は狭い。中でもキャベツは，カット業者，飲食業者，量販店などの実需者のニーズは高いにもかかわらず，県内消費の7％しか供給できていない。このため，中抜きの流通経路の確立，団地の大規模化，周年供給体制の確立などに取り組んでいる。将来的には，全国を視野とするが，当面，県内の消費地に向けコスト，差別化両面に配意し，集中して，生産，販売を継続する。

図表2-27　広島県の農産物等の3つの基本戦略

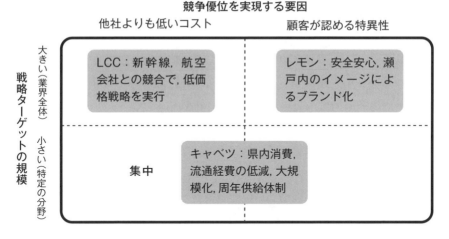

さて，全く分野は違うが，広島空港利用による人流や物流の現状について考えてみる。もともと広島の地は，新幹線と航空機が所要時間，利用料金とも競合状態にあり，両者は長年熾烈な競争を行ってきた。最近，ここにLCC（ロー・コスト・キャリア）が新規参入を始めた。LCCは，チケットの販売をインターネットで行い，短距離を飛び航空機の稼働率，回転率を上

げて，できるだけ多くのお客さんを運ぶことで，低価格を実現し近時シェアを拡大し続けている。使用する航空機も小型機，中型機が中心で，スタッフは一人で何役もこなし，駐機時の作業もできるだけ，簡素・効率化するため機内食を搭載せず，荷物も事前予約が必要などの航空ビジネスモデルを確立している。

図表2-28　東京（成田）便航空機，新幹線比較

	所要時間	最低料金	利用者	便数
新幹線	4：00	15,940円	2,646万人	毎時5本
航空機	3：29	18,020円	1,939万人	17便/日，毎時2本
LCC	4：32	7,930円	145万人	3便/日

注1　所要時間，最低料金には，広島駅から東京駅までのバス利用の時間，料金を含む。
注2　広島県調べ

　広島県では，平成30（2018）年度の空港利用者数目標を303.1万人に置き，空港の利用者増加策に取り組んでいるが，新幹線の利用増，料金比較，空港までの所要時間の長さなどから，空港利用客数は横ばい状態にあり，抜本的な見直しを迫られている。このような中で，LCCの新規参入は，行政側にとってもチャンスであり，コストリーダーシップを狙うLCC各社の誘致，より利便性の高い空港への変革などの施策を積極的に進めることとした。
　このように競争優位戦略は，民間企業がねらうコストリーダーシップ戦略に行政の施策を連動させ，誘致，支援することで利用者の利便性を向上させ，広島空港の活性化を図り，更なる人流，物流効果を高めていく施策の検討に応用できる。

コラム　フレームワークの落とし穴

環境変化に対して縦横無尽に，戦略的，かつ創造的に活かしてこそ，フレームワークの意味がある。

もし，「有名なフレームワークに従って発想していれば大丈夫」という考えがあるとしたら，それはとても危険と言わざるを得ない。

ここにフレームワークの落とし穴がある。この落とし穴は，マニュアルのジレンマと一緒である。

マニュアル化することで，作業は一定の水準を下回ることはないものの，個人の工夫の機会を減殺してしまう場合がある。これはある意味問題であり，マニュアルさえ守っていればよい，それ以上は考えなくてよいという思い込みや姿勢を生んでしまいかねない。

そもそもフレームワークの本来の役割は，その結果がどんな原因で生み出されるのかという仕組み（構造的な因果関係）を明らかにすることである。

原因と結果の関係性が分かると，好ましい結果を得るためにどんな原因が必要かが分かる。もちろん，原因と結果の関係が明らかになったとしても，自由に原因を設定できるわけではない。現実世界には，様々な制約があるからである。

例えば，企業は自社に経営資源のない原因は，設定がしづらい。不得意な分野や適切なパートナー企業が見つからない分野も同様である。企業は，原因と結果の関係を知った上で，自社に合った方法を選択しなければならない。

しかも，単に自社が実現できる方法というだけではなく，競合他社に対する優位性を確保したり，参入障壁を築いたり，新規市場を開拓したり，継続的にビジネスをリードできるかなど，様々な要素を考慮して決定しなければならない。

これこそが戦略と言われるものである。したがって，因果関係を把握した上で，自社の戦略に合った原因を設定する。つまり因果設計するための道具が戦略フレームである。戦略フレームは，それを戦略策定にどう役立てるかがポイントであり，単にあてはめれば同じ正解が出てくる公式のようなものではない。

しかし，戦略フレームを知らないのと，知っていてその中から適切な選択肢を検討するのとでは意思決定に違いが生まれてくる。それこそが，戦略フレームの役割である。

> 戦略フレームは，正解を導くための公式として使うのではなく，現在の自社の経営課題に対して，どう役立ち得るかを柔軟に検討する道具として使う。
> 　適切な戦略フレームを選択し，その中で自社が取り得る戦略を組み立てる作業は，創造的な思考プロセスそのものである。いくつかの戦略フレームを試し，何回かの試行錯誤を経て，やっと一つの納得のいく戦略を描き出せるほうが普通といってよい。
> 　戦略フレームは，単に正解を得るための公式ではなく，自社に合った戦略を創造するために柔軟に活用すべき道具なのである。
>
> （参考）「戦略プロフェッショナルが選んだフレームワーク 115」丹生　光　PHP 研究所

5　マーケティング戦略

　事業とは顧客の創造である[64]と看破したドラッカーは，マーケティングの目的は販売を不要にすることである[65]と述べている。フィリップ・コトラーにより，そのマーケティングは体系化された。その中で戦略的マーケティング・プロセスが構築され，それは①調査（Research），②セグメンテーション・ターゲティング・ポジショニング（STP）③マーケティング・ミックス（MM，4P），④実施（Implementation），⑤管理（Control）の五つのステップからなる[66]。

(1)　セグメンテーション

　セグメンテーションを行って市場を細分化する条件には図表 2-29 のようなものがある。

図表 2-29　市場細分化の条件

1	地理的条件 東日本，西日本 関東，関西 東京，大阪，広島

64　ピーター・ドラッカー［2008］「新訳マネジメント」上田淳生訳 ダイヤモンド社
65　ピーター・ドラッカー［2007］「断絶の時代」上田淳生訳 ダイヤモンド社
66　コトラー＆ケラー［2001］「マーケティング・マネジメント 12 版」月谷真紀訳 丸善出版

2　デモグラフィックス
　　性別…男，女
　　年齢…20代，30代，40代，50代
　　年収…300万円未満，1,000万円以上
　　職業…サラリーマン，自営業
　　家族構成…単身，4人家族
　　教育水準…高卒，大卒

3　サイコグラフィックス
　　心理
　　性格
　　ライフスタイル
　　価値観

4　行動
　　オケージョン…利用する時期や時間
　　ベネフィット…求めるメリット
　　使用割合…ライトユーザー，ミドルユーザー，ヘビーユーザー

(2)　ターゲティング

　市場を様々な条件で効果的に細分化したら，続いて再分化した市場を評価し，自社が最も有利に事業展開できるセグメントに，ターゲットを絞っていく。ターゲティングパターンとしては，次の5つがある。

① 単一セグメントへの集中
　　1つのセグメントに一つのプロダクトを提供
② 選択的専門化
　　複数のセグメントに様々なプロダクトを提供
③ 製品専門化
　　複数のセグメントに一つのプロダクトを提供
④ 市場専門化
　　1つのセグメントに複数のプロダクトを提供
⑤ フルカバレッジ
　　すべてのセグメントにありとあらゆるプロダクトを提供

(3) ポジショニング

ポジショニングとは，自社のプロダクトイメージがターゲット顧客のマインドの中で，特定の位置を占めるようにするための一連の活動である。であるから，ポジショニングでは，ライバル企業の製品との類似点や相違点を明らかにして，顧客に伝えていくことが重要なカギとなる。ここで重要となるのがブランディングである。

また，マーケットシェアトップのリーダー，マーケットシェアトップの座を狙うチャレンジャー，トップの座を狙わずに現在のポジションをキープしようとするフォロワー，そして独自のマーケットで事業を展開するニッチャー，それぞれの戦い方がある。

≪行政への応用例≫

広島県では，毎年 2,000 人から 3,000 人の人口の社会減が続いている。自然減対策―少子化対策，子育て対策を強力に推進するとともに，この社会減対策についても，その一環として移住・定住促進事業を行っている。図表 2-30 は，移住・定住を促進するため首都圏に開設した広島県窓口に平成 27 (2015) 年度，相談に訪れた方々を「行動特性」に基づいてセグメントした表である。図表 2-15 のロジャースの普及曲線に基づき，現在の地方回帰のブームは，いわゆるイノベーター，アーリーアダプターが動いているという仮説のもとに，この層の志向，行動について掘り下げている。

図表 2-30　移住・定住相談者のセグメンテーション

セグメント				人数	構成比	特徴
アーリーアダプター層	見分タイプ			38 人	7.9%	・他県出身の 30 代の男性 ・一般知識を習得
	行動タイプ	首都圏からの連携	首都圏拠点型	66 人	13.8%	・30～40 代の男性半数近い ・ビジネスチャンスと捉えている
			二地域拠点型	26 人	5.4%	・30 代以下が 7 割 ・起業を目指す会社員が半数
		広島への移住	個人事業主	40 人	8.5%	・40 代以下のクリエイティブ・専門職が多い ・生活，趣味にも関心が高い
			仕事づくり（起業）	135 人	28.5%	・30 代以下の女性 ・芸術，ロハス，ベンチャーがキーワード
			就職先を厳選	170 人	35.9%	・30 代以下の女性 ・一生を見据えたキャリア形成
計				475 人	100 % (46.7%)	
一般層	一般的な移住希望者			544 人	(53.3%)	・50 代 60 代 ・田舎暮らし，安全安心志向 ・積極的な活動はなし
合　計				1,019 人	(100.0%)	

　そもそも社会減の要因は，1 つは就学時，もう 1 つが就職時であり，このことを考えれば，20～30 代の層で起業，就職を求めるものを呼び込むべきであり，この点では，図表 2-30 でいえば，「二地域拠点型」「個人事業主」「仕事づくり（起業）」「就職先を厳選」のセグメントに対して積極的にアプローチを行うべきであることが判明する。

　また，移住・定住相談者に対して売り込むものは第 2 章第 2 節ビジョンに掲げる「将来のひろしまの姿」であるが，上記に述べた重点ターゲットに，「働く場」「起業の仕組み」なども含めて，売り込んでいく必要があることが

判明する。この意味で,「複数のセグメントに様々なプロダクトを提供」するタイプのターゲティング戦略を行うこととなる。

平成26年10月からの移住・定住窓口での取組により,図表2-31のとおり,広島県で暮らすイメージがアップし,ポジションが確立されつつある。

図表2-31　ふるさと暮らし希望ランキングの推移

平成25年度		平成26年度		平成27年度	
順位	県名	順位	県名	順位	県名
1位	長野県	1位	山梨県	1位	長野県
2位	山梨県	2位	長野県	2位	山梨県
3位	岡山県	3位	岡山県	3位	鳥取県
4位	福島県	4位	福島県	4位	静岡県
5位	熊本県	5位	新潟県	5位	岡山県
6位	高知県	6位	熊本県	6位	**広島県**
7位	富山県	7位	静岡県	7位	高知県
8位	群馬県	8位	島根県	8位	秋田県
9位	香川県	9位	富山県	9位	大分県
10位	鹿児島県	10位	香川県	10位	宮崎県
圏外	**広島県**	18位	**広島県**		

(4) マーケティング・ミックス

マーケティング・ミックスは,4つのP,プロダクト戦略,プライス戦略,プレイス(チャネル)戦略,プロモーション戦略に分かれる。自社の製品を継続的に購入してもらうため,4つの戦略を統合的に運用する。

① プロダクト戦略

前掲STPのプロセスを経て,ターゲットとなる顧客が明確になれば,続くプロダクト戦略では,何を売るかを決定していく。ここで,顧客は製品自体を望んでいるわけではないことを認識することが重要となる。「ドリルを買いに来た人がほしいのは,ドリルではなく穴であり[67]」,顧客は自

67　セオドア・レビット[1971]「マーケティング発想法」土岐訳　ダイヤモンド社

社の製品を使って，何がしたいのか，顧客はどのような満足を求めているのか，具体化していく必要がある。

では，顧客のニーズを計るにはどうすればいいか。これには，2つのアプローチがある。1つは，顧客を徹底的に調査，分析し，顕在的なニーズを浮き彫りにするマーケットインといわれる手法である。もう1つは，顧客を調査することなく，自社の技術を駆使して新たなニーズを生み出すという，プロダクトアウトという手法である。

次に，顧客がどの程度のレベルの製品を求めているかを把握する必要がある。これには，コトラーの5つの顧客価値というフレームワークある。それは，a 中核ベネフィット　b 基本製品　c 期待製品　d 膨張製品　e 潜在製品の視点から検討を加える手法である。また，最近ではトータルソリューションということが盛んにいわれており，これは複数の製品やサービスを組み合わせてより細やかに顧客の期待に応えていくという考え方である。

② プライス戦略

プライス戦略では，いくらで売るのか，という価格設定を行う。企業が，価格設定を行う場合には，製品を提供するコストに目標とする利益を上乗せするという基準から検討することはもちろん，ライバル会社の価格設定を十分に考慮にいれる，また競合の動向を見極めて決める，この3つのアプローチが重要である。

③ プレイス（チャネル）戦略

プレイス戦略では，自社の流通網を使うか，他社の流通網を利用するかなどの流通チャネルの幅を検討すること。何段階を経るチャネルとするかの流通チャネルの長さなどから，自社の製品にあった最適なチャネルを選択することが求められる。

④ プロモーション戦略

プロモーションには五つのタイプがある。a 広告，b 販売促進，c 人的販売，d パブリシティ，e 口コミである。

a 広告とは，企業が相応のコストを負担して，メディアに自社製品を紹

介してもらうプロモーション手法である。b 販売促進とは，企業が流通チャネルや消費者に対して，販売を促進するためにインセンティブを提供して売上アップを図る活動である。やや営業管理の分野に近いが，営業のプロセスをパイプラインに例え，最初のコンタクトから受注までの流れを可視化して考えていく手法もある。図表 2-32 を参照していただきたい。次に，c 人的販売は，対面式の販売で売り上げアップを図るプロモーション手法である。d パブリシティは，自社製品をマスメディアに取り上げてもらい認知度を高めていくプロモーション手法である。e 口コミは，人から人へ自社製品の評判が伝わっていくプロモーションで，最近ではインターネット，いわゆる SNS などで伝わっていくプロモーションは，大きな位置を占めるに至っている[68]。

　ここで，AIDMA モデルを紹介する。図表 2-33 のとおり，AIDMA とは，消費者の一般的な購入心理プロセスを表すもので，マーケティングで成功をおさめるためには，この流れをいかにスムーズなものとするかが重要な鍵を握っている。AIDMA の各ステップで消費者がいかに次のステップへ移行できるか，ストーリーをつくっていくことが重要である。

図表 2-32　パイプライン

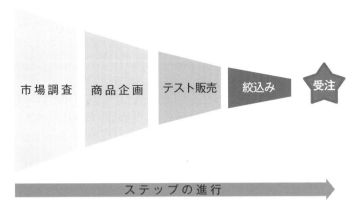

（出典）丹生　光［2013］「戦略プロフェッショナルが選んだフレームワーク 115」
（PHP ビジネス新書）

---

[68] 安部徹也［2015］「超入門 コトラーの「マーケティング・マネジメント」」かんき出版

以上のとおり，プロモーションには大きく5つのタイプがあるが，ひとつのプロモーションに頼るのではなく，複数の方法を組み合わせて展開することで効果が高まる。

図表 2-33　AIDMA

	認知段階	感情段階			行動段階
認知段階	注目 Attention	興味 Interest	欲求 Desire	記憶 Memory	行動 Action
顧客の状態	知らない	知ってはいるが，興味ない	興味はあるが，欲しくはない	欲しいと思うが，比較していない	買う気はあるが，機会がない
コミュニケーション目標	認知度の向上	商品への評価向上	ニーズの喚起	購入意思の喚起	購入機会の提供

（出典）丹生　光［2013］「戦略プロフェッショナルが選んだフレームワーク 115」
（PHP ビジネス新書）

≪行政への応用例≫

パイプラインの活用例であるが，図表 2-34 は，先述の首都圏に設置している広島県の移住・定住窓口における平成 27（2015）年度の相談から移住に至る人数，世帯数の経過に関する実績である。

1,019 人の相談があり，窓口係員は，これらの相談を受けて相談業務に乗り出すが，相談者 1,019 人のうち具体的な移住計画の作成に至る人数は，141 人，最初の相談者の 14％程度である。更に，駒を進めると最終的に，約 1,019 人の移住相談があれば，約 30 世帯が移住することが経験的に判明した。図表中，③現地視察から④移住手続き以降について，単位が人から世帯に変わっているが，その段階あたりから，現実に家族も参加してくる実態があるので，更に統計的精査は必要であるとして，現時点では大づかみすることをお許しいただきたい。

図表 2-34　移住・定住事業のパイプライン

移住者の状況	① 相談	② 移住計画作成	③ 現地視察	④ 移住手続	⑤ 移住
実績	1,019 人	141 人	107 人	50 世帯	30 世帯
成功率		①の 14%	②の 75%	③に対して経験数 1/2	④の 60%
対策	・情報発信強化 ・定住イベント開催	・サポートスタッフの充実	・来訪交通費補助	・受け皿となる地域づくり支援	
追加目標	629 人	88 人	66 人	33 世帯	20 世帯

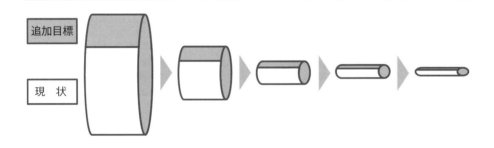

　ところが，最低でも県が関与する移住世帯数を，50世帯以上確保しないと全体の社会減対策に対して効き目がないと判断したと仮定すると，目標値の上乗せが必要で，仮にこれを50世帯とする。そこから，逆算すると毎年の相談者数は，最低でも1,019人に629人を加えた，1,648人を確保する必要があると判明する。このため，この数を集めるために強力なキャンペーン，プロモーションを実施する必要があり，打ち手の補正や変更を検討することとなる。

　また，各段階での歩止まりを上げるための仕掛け，取組も必要であるとわかるため，各段階での顧客への適切な営業方法を考えていくこととなる。このような応用例が考えられる。

　次に，AIDMAモデルの応用例について，図表2-35をご覧いただきたい。

第2節　フレームワークの活用

図表 2-35　観光事業に係る AIDMA モデル

広島県は，新たな産業として観光振興に力を入れてきた。このため，まずは認知度を上げる取組から，感情が行動に結びつくように，AIDMA の各段階を追って，取組を進めてきた。その結果，実際には他の施策も含め，平成 26（2014）年度は，入込観光客数は 6,181 万人となり，平成 24 年度から 3 年連続過去最高を記録した。

なお，プロモーションについては，第 6 章広報とコミュニケーションに詳細な応用例を掲げているので参考にされたい。

> **コラム** マーケティング優良企業の「市場志向」とは
>
> 「作ったものを売るのではなく,売れるものを作る」という市場志向は,多くの企業にとって,当たり前と思われていた。
>
> 「コンセプトとしての市場志向」はさておき,市場志向は,「市場情報の把握」「市場情報の組織内での普及」「市場情報への反応」の3つのプロセスで捉えることができる。
>
> 例えば,「市場情報への反応」であれば,たとえ情報を把握し組織内で普及させていても,市場反応の意思決定が社内の政治バランスに左右されてしまう組織では反応が良いとは言えない。
>
> アメリカの研究では,市場志向レベルが上がると,その事業の成果が上がることが実証されており,収益性だけでなく,顧客のロイヤリティ,従業員のコミットメント,持続的なイノベーションにも好影響を与えると言われている。
>
> **市場情報の把握・普及・反応**
>
> 《把握》
> ・将来必要となる製品やサービスに関する顧客との定期的な会合機会
> ・事業部内での市場や顧客についてのリサーチの実施頻度
> ・製品の質の評価のための顧客調査の実施程度
> ・同業者や取引業者との情報交換の程度
> ・業界の基本動向や最新の変化(競合,技術,規制など)の把握程度
>
> 《普及》
> ・マーケティング担当者と他の事業部との間での将来ニーズに関する議論の程度
> ・非公式な場における競合の戦略や戦術に関する議論の程度
> ・市場情報や顧客情報の事業部のすべてのレベルに広がるスピード
> ・事業部のすべてのレベルに向けての,定期的な顧客満足の情報の伝達の程度
> ・大事な競合情報の,他の事業部への伝達スピード
>
> 《反応》
> ・顧客の製品ニーズ変化への注目程度
> ・競合の価格変更に対する対応のスピード
> ・顧客の不満の傾聴の程度
> ・取扱製品ライン決定への社内的な政治力の反映程度
> ・顧客のサービスの質への不満に対する組織的対応のスピード
>
> (参考)「マーケティング優良企業の条件―創造的適応への挑戦」嶋口充輝ほか 日本経済新聞出版社

第3節　戦略の実行とレビュー

1　戦略策定がゴールラインではない

　行政では，とかく「予算編成」に注目が集まりがちであり，予算規模が対前年度比でいくらとなっているか，各政策分野にどれだけ予算が振り分けられたかを中心に議論されている。

　行政関係者においてさえ，年度末の大仕事としての予算編成の発表が仕事のゴールラインと感じている例も少なくない。

　しかし，勘違いしてはいけない。住民に優れた行政サービスを提供するために，「何を達成したのか，それでどのような変化が生じ，どういう成果を生んだか」という視点で業務を進めることが重要であって，「何にいくら使うのか」といった予算の獲得やその消化のみで，住民の負託に応えたことにはならない。

　あくまでも，予算編成は「これから何をやる」という宣言をして，スタートラインに立っているに過ぎず，本当に注目されるべきは，その予算をどのように使って何ができたか，どういった成果を生んだかということである。

　第1章第1節でも触れたように，広島県では，業務を進めていく上で重要視する価値観＝バリューを示す「3つの視座」の一つに，「予算志向から成果志向への転換」を掲げ，成果志向型の行政経営に取り組んでいる。

　実際に成果を生み出すことがゴールラインであって，戦略策定はゴールラインではない。

2　地方自治法等における点検

　成果が現れているかどうかは点検により把握される。地方自治法第233条第5項では，「普通地方公共団体の長は，前項の規定により監査委員の審査に付した決算を監査委員の意見を付けて次の通常予算を議する会議までに議会の認定に付さなければならない。」とされ，同第3項では「普通地方公共団体の長は，第3項の規定により決算を議会の認定に付するに当たっては，当該決算に係る会計年度における主要な施策の成果を説明する書類その他政令で定める書類を併せて提出しなければならない。」とされている。

また，急速な少子高齢化の進展に的確に対応し，人口の減少に歯止めをかけるとともに，東京圏への人口の過度の集中を是正することなどを目的として平成26（2014）年11月に制定された「まち・ひと・しごと創生法」の規定により定められた「まち・ひと・しごと創生総合戦略」では，人口減少の克服と地方創生を確実に実現するため，5つの政策原則を掲げている。

　「自立性」「将来性」「地域性」「直接性」「結果重視」の5つであるが，このうち，「結果重視」の部分においては，明確なPDCA[69]メカニズムの下に，短期・中期の具体的な数値目標を設定し，政策効果を客観的な指標により検証し，必要な改善等を行うこととされている。

　こうした規定は，各地方自治体の地方版総合戦略においても必須事項とされ，目指すべき成果が具体的かつ適切な数値で示されており，その成果が事後的に検証できるようになっていなければならず，また，成果の検証結果によって，取組内容の変更や中止の検討が行われるプロセスが組み込まれており，その検証や継続的な取組改善が容易にできるよう，PDCAサイクルを実行する枠組みを整えるように求められている。

3　年度終了時のみの点検による弊害

　地方自治法の規定により，どの地方自治体においても，少なくとも，こうした決算書類の作成時点で主要な施策の成果をチェックしているはずだが，そのスピード感はどうだろうか。

　ここでいう決算をN年度とすると，その報告はN＋2年度の当初予算案の上程までに行えば良いということになる。N年度末，実際にはN＋1年度の初期段階になって，初めて成果が上がっていないことに気づくといった状況になってはいないだろうか。N年度中に中間点検を行わず，N年度に挽回できるチャンスを逸したケースの多くでは，N＋1年度の当初予算に挽回策が反映されていないばかりか，挽回策の検討に時間を要した結果，N＋2年度の当初予算編成での対応となり，2年間の遅れを招くことにもなりかねない。

69　PLAN（計画），DO（実施），CHECK（評価），ACTION（改善）の4つの視点をプロセスの中に取り込むことで，プロセスを不断のサイクルとし，継続的な改善を推進するマネジメント手法のこと

行政においては，1年間をワンサイクルとする単年度主義に陥りがちであるが，成果を追求するのであれば，民間企業と同様に，点検スパンは短いほうがよい。事業実施年度の中途でも細かく執行状況をチェックする体制を備えて，様々な変調に対応していくことが，スピード感をもった成果志向型行政経営を実現する鍵となる。

4 N年度の執行状況をモニタリングする

前1～2節で目標達成に向けた仮説の集合体ともいえる戦略の策定プロセスを紹介したが，この仮説が正しかったかどうかは，実行段階，あるいは成果の検証段階で明らかとなる。PDCAサイクルでいうところのDO（実施），CHECK（検証）の段階である。

広島県では，より成果に重点を置いたPDCAサイクルをシステム化した施策マネジメントシステムを独自に開発して，平成24（2012）年度から本格的に導入している。

広島県の施策マネジメントシステムの中心となっているのが，四半期ごとに

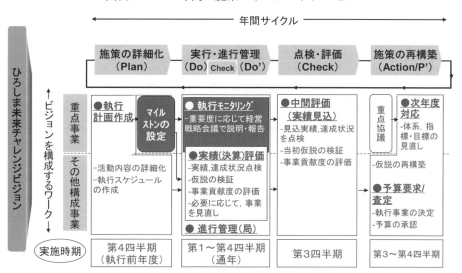

図表2-36　1年間の施策マネジメントプロセス

ワークの進捗状況をチェックする「執行モニタリング」制度である（図表2-36）。

　この制度は、事業が予定どおりに進んでいるかどうか、四半期ごとに、知事、副知事、局長で構成される経営戦略会議で報告する制度である。

　事業実施段階（N年度）でも節目、節目で事業の進捗状況を点検することにより、事業や指標の変調に早く気付き、対策を講じ、改善を図ることを目的としており、思惑どおりの成果が出ない、あるいは、出そうになくなった場合は、直ちに改善策が検討されることになる。そもそも、最初に立てていた仮説が間違っていたということになれば、大幅な軌道修正が図られることにもなる。

　場合によっては、大変な労力を伴うが、見方を変えれば、事業実施年度の中途において、4回もの挽回チャンスが与えられることにもなる。経営戦略会議というトップマネジメントを支える体制とセットで、その執行をマネジメントする体制を構築することにより、成果志向型のマインドが醸成され、全庁一丸となって取り組んでいる。

広島県では

　県外の学卒者の県内就職を促進するために展開している「ひろしま企業オンキャンパス・リクルーティング事業」では、平成24（2012）年5月に大阪で初めて合同企業説明会を実施した。

　しかしながら、参加企業数が思惑よりも下回ったため、参加企業や大学関係者、学生の意見を聞き取った結果を、モニタリング会議に報告して、その後の進め方を検討した結果、開催時期や対象とする学年を見直したほうが良いということになった。

　そこで、早速、同じ年度の平成25（2013）年3月に、大学3年生を対象としたものに切り替えたところ、参加企業数は、5月に比べ倍増した。

5　執行モニタリングのポイント

　広島県で運用している執行モニタリングの目的は，事業実施段階でも節目，節目で事業の進捗状況を点検することにより，事業や指標の変調に早く気付き，対策を講じ，改善を図ることにある。

　したがって，ポイントとなるのは2点。事業は順調なのかといった執行プロセスの管理，指標は思惑通りに推移しているのかといった事業成果の管理である。

(1)　執行プロセスの管理

　事業終了時において，いかに大きな成果を生むことができるかというゴールラインに向けて，戦略の内容は，職員異動にも左右されることなく，事業着手年度に正しく引き継がれ実行されなければならない。

　こうした引き継ぎは，書類によって行われるのが通例である。広島県では，年度当初から即座に事業着手できるよう，執行計画（進行管理スケジュール）の作成作業を前年度の2月から始め，3月末までに作成している（図表2-37）。

　以後の執行モニタリング会議では，この進行管理スケジュールと進行状況を対比しながら，四半期ごとに執行プロセスを管理していくことになるが，ポイントとなるのは，四半期にひとつ以上のマイルストン（里程標。成果目標の達成に向けて各事業を実施する上で，重要な通過ポイント）を設定しておくことである。

　前出の「ひろしま企業オンキャンパス・リクルーティング事業」の場合，第1四半期（4～6月）には「大阪での合同企業説明会の開催」「大学での合同企業説明会の開催」など，第2四半期（7～9月）には「内々定状況調査」といったことになる。

　執行モニタリング会議では，こうしたマイルストンを通過できているかどうかを中心に報告することとなる。

第2章 戦略の策定

図表2-37 進行管理スケジュールの作成例

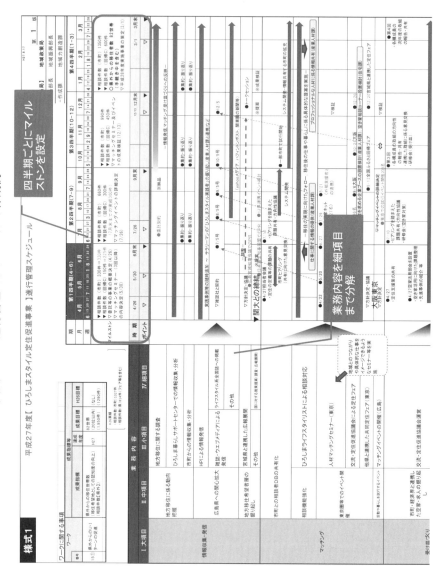

114

(2) 事業成果の管理

　戦略スケジュールどおりに執行されても，戦略策定後の情勢変化などにより，十分に成果が挙がってこないケースや，そもそも，最初に立てていた仮説が間違っていたというケースも有り得る。

　着実に成果を挙げていくためにも，執行プロセスの管理に並んで重要なのが，事業成果の管理である。事業成果の管理では，事業効果が成果に現れているかどうかを四半期ごとに指標を追いながら確認していくことになるが，事業によっては，年1回の統計調査の結果を目標とするものや，年度中途ではなく年度末に成果が発現するものなど，四半期ごとの把握が困難なケースがある。

　例えば，県内への移住者を増やすことを目的とする事業の大きな目標は，最終的には実際に移住・定着した人数ということになるが，事業の執行段階で推し量ることは困難なように思える。

　このようなケースでは，年度中途の成果管理はできないのだろうか。第1節「戦略策定の基本プロセス」で触れたとおり，戦略策定段階では，「目的（目標，領域）設定」「環境分析」「課題設定」「解決策（仮説）」をローリングさせながら戦略を策定しており，こうした過程において様々な書類を作成している。

　こうした資料は，当然，事業年度に引き継がれ，執行モニタリング会議においても活用できるが，戦略策定段階で，事業の活動内容と成果目標を整理しておけば，執行段階のモニタリングで大いに活用できるはずである。

　なお，図表2-38，2-39は，執行モニタリングに用いる様式である。

図表 2-38　事業プラン説明書の様式例

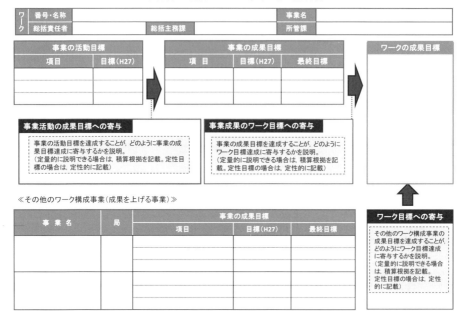

図表 2-39　執行モニタリング総括報告書の様式例

平成 26 年○○月○○日
○○○○局長

主なワーク名	事　業　名
[No.00 ①] ○○○○の推進	[○-1] ○○○○○○対策事業

1　目標達成に向けた現在の進捗状況　⇒　総じて　順調（or やや遅れ，課題あり）

(1) ワーク目標

成果指標・目標	最終目標		区分	H 24	H 25	H 26	備考(特記事項)
○○の○○○○率	H 00	○○%	目標	○○.○%	○○.○%	○○.○% ●寄与○○.○%	
			実績	○○.○%	○○.○%	(見込み)	
			達成度	(未)達成	(未)達成	(見込み)	

(2) 事業の活動指標

活動指標	○月(直近)	課題・ボトルネック	対応方針(案)
○○の○○○○件数 H26年間目標： ○○件	目標： ○○件	[実績乖離要因] ……………………。	(実績乖離や課題が生じている場合) ⇒……………………。
	実績： ○○件	[新たな課題・環境変化] ……………………。	⇒……………………。
	達成度： (未)達成	[その他](検討を要する事項など) ……………………。	⇒……………………。

(3) スケジュール上のマイルストン

マイルストン	時期	進行状況	対応方針(案)
①○○○○の調査	○月 第○週	実施済み(未実施，準備中) ……………………。	(予定マイルストンを通過できていない場合) ……………………。
②○○○○の分析	○月 第○週	実施済み(未実施，準備中) ……………………。	(予定マイルストンを通過できていない場合) ……………………。
③○○○○の構築	○月 第○週	実施済み(未実施，準備中) ……………………。	(予定マイルストンを通過できていない場合) ……………………。

※「(3) スケジュール上のマイルストン」は任意。(特に報告を要する場合に掲載)

2　これまでの執行モニタリングで出た課題への対応

協議日	課　題	対応方針
○○月○○日	[○○○○の改善] ……………………。 [○○○○の分析] ……………………。 [○○○○の検討] ……………………。	⇒……………………。 ⇒……………………。 ⇒……………………。
○○月○○日		

※必要に応じて資料を添付

広島県では

　広島県では，高度な産業人材の育成を促進するために「イノベーション人材等育成事業」を展開している。

　平成24（2012）年度中途において，制度を利用する企業等の上積みを図るためには，まず，経営学等の習得に対する意識を高める取組が有効ではないかとの議論を受け，県内の経営者等を対象に，「MBA」や「MOT」のミニセミナーを開催することとした。

　また，平成25（2013）年中途において，企業の社員の研修派遣費用への助成が，本来，想定していた長期研修ではなく，短期研修の割合が高くなっていることが判明。翌平成26（2014）年度当初からは，経営系研修について，派遣の効果が高い1年以上の長期研修に特化して拡充し，より高度な産業人材の育成を促進することとした。

コラム　最大原因3つの解消で問題の8割は解決

　平成4年当時，NTT移動通信網（NTTドコモ）は200億円以上の赤字を抱えるお荷物的存在だった。その社長に「左遷」された大星公二は，最初に「なぜNTTの携帯電話が売れないのか」というリサーチを行い，顧客の苦情を集め，「通話が途切れる」「料金が高すぎる」などの根本的な問題点を確実に解決していった。中でも，500億円規模で全国に基地局を建設するという莫大な設備投資や，10万円の保証料の全廃などの大英断により対策を講じた結果，NTTユーザーの数は，大幅に増加し始めたのである。

　「問題の原因を分類し，多い順にA，B，Cと並べる。そして，最大の原因であるAから3つないし4つまでを解消すれば，問題の8割は解決する。」大星はこう語っている。

　（参考）「心に響く名経営者の言葉」ビジネス哲学研究会

コラム　キシリトールの成功

　簡単に虫歯予防できるものがあればいいのに―こうした潜在需要を顕在化させ，またたく間に成功した企業がある。

　素材メーカーのザイロフィンファーイースト（ダニスコジャパン）である。

　平成4（1992）年，虫歯予防効果が高いとされる甘味料キシリトールの認可を厚生省（現・厚生労働省）に申請，平成8（1996）年に認可を受け，平成9（1997）年，ロッテなど大手ガムメーカー5社から，キシリトール配合ガムが発売された。

　一方で，認可前から，テレビ・新聞・雑誌・口コミを通じて素材キシリトールの認知度を盛り上げ，認可後わずか9年で，キシリトール配合製品約2,000億円，うちキシリトール配合ガム約1,600億円の市場に成長した。

　この成功の要因として，「素材メーカーという川上から仕掛けたマーケティング活動」と「意図的に広告を抑え，新聞や雑誌の記事やテレビの情報番組の中に登場させていくパブリシティ戦略」の存在があったことは見逃せない。

（参考）「やさしい経営学」海野博・所伸之　創成社

第3章
組織マネジメント

第1節　官僚制の機能と逆機能
第2節　地方自治体の組織問題
第3節　組織運営
第4節　組織文化
第5節　組織の中の人間行動

Point

▶ 官僚制に基礎を置く地方自治体の組織は、規則遵守自体の目的化、縦割りによるセクショナリズムなどの弊害を生む危険性がある。これらの弊害を取り除き、成果を志向するためには戦略を重視し、目的性を高める組織を編成する必要がある。

▶ いくらよい組織を作っても、その運営を間違えば、よい成果は生み出されない。組織運営の中では、トップマネジメントとミドルマネジメントの変革を図ることが重要である。環境変化の激しい現代においては、これまでの役割にとらわれず、トップマネジメントとミドルマネジメントを支える仕組みの構築を行うことが必要である。

▶ 組織構造が組織のハードであるのに対して、組織文化は組織のソフトであるといえ、両者は、相互作用の関係にある。経営理念を基軸として、それを組織全体に浸透させていくことを通じて、組織文化を変革することが重要である。

▶ 組織は個人の協働システムであるため、まずは個人が価値感に共感・理解し、組織で価値感を共有する基盤を整え、目標管理による成果を給与等に反映させることでモチベーションを高め、また、個人の目標管理と施策のPDCAの仕組みを連動させることで、個人のモチベーションを組織の力にまで共振させる一貫したシステムを構築することが重要である。

第1節 官僚制の機能と逆機能

1 官僚制

近代の組織論は、マックス・ウェーバーの「官僚制（Bureaucracy）」を起点とするのが通例である。マックス・ウェーバーは、資本主義、法治主義の原理による近代社会の展開を背景に、合理主義的観点から官僚制の必然性、言い換えれば、官僚制の発展は不可避な現象であることを唱えた。その特徴は、行動の予測可能性と業務が公平無私に処理されること、独任官の長を頂点とした

ピラミッド型のヒエラルキー構造を持ち，組織が規則と上下の指揮命令関係によって非人格的に規律・運用されることにある[70]。

2 官僚制の構成要件

官僚制の構成要件は次のように考えられている[71]。これらを確認すると，現行の公務員制度の基礎的な部分を形成していることがわかる。ただし，この官僚制は，役所だけではなく，大企業，病院，労働組合など大規模化した組織に共通する要件であり，求められる機能でもある。

① 業務が規則に従って継続的に行われ，規則に定められた権限体系が存在すること。
② 組織構造が階層制（ヒエラルキー）で構成され，指揮命令系統が一元化されていること。
③ 官僚制の職位は何人にも専有されないこと。職位の世襲，売官は認められないこと。
④ あらゆる種類の処分，指令は，少なくとも最終決定は，文書化され保存されること。
⑤ 職員は任命制で行われること。人格的に自由な人間が契約によって職員になり，辞職の自由を持つこと。
⑥ 職員採用は一定の学歴と専門的知識を持つ有資格者の中から行うこと。
⑦ 職員はその業務に専業すること。兼業，副業，非常勤，名誉職は官僚制職員ではないこと。

3 官僚制の機能と副産物

官僚制の第一の特徴は，規則による管理を重視する点にある。具体的には，仕事の内容や進め方，意思決定の判断基準などについて詳細な規則が制定され，メンバーにはそれらの規則を遵守し厳密に運用することが求められる。大きな

---

70 西尾勝［1993］「行政学」有斐閣
71 藤田誠［2015］「経営学入門」中央経済社，リチャード L. ダフト［2015］「組織の経営学」ダイヤモンド社，西尾勝［1993］「行政学」有斐閣，から筆者が作成

組織では、担当者の気分や裁量で仕事の内容や進め方、判断基準が変化すると、職員相互に予測不能に陥り、その都度、確認や調整をしていたのでは、非効率となってしまう。また、顧客に対してはサービスにバラつきができたり、役所の場合は、サービス提供の不公平を招いてしまう。しかし、過度の規則による縛りは、「杓子定規で融通の利かないお役所仕事」となってしまう。これが官僚制の第一の副産物である。

第二の特徴は、職務の専門化が高度に進んでいる点にある。組織の共通目標の達成に向けて各人の職務遂行の合理性を高めるための組織設計は、職務の専門性を高めることにある。これは、各人が担当する仕事の内容を細分化することで行われる。その結果として組織の合理性は高まる。しかしながら、場合によっては、職務の専門化が過度に進んだ結果、異なる部門間で利害が対立するようになり、隣の部門の仕事内容が把握できなくなったりする。官僚制の負のイメージである縦割り行政やセクショナリズム、複数の窓口のたらい回しなどは、この様な職務の専門化の副産物である。

第三の特徴は、責任と権限が職位に対して付与され、それが階層をなす形で組織化されている点である。職位についたメンバーの主観的な利害や非合理的な感情を排除し、目標の達成に向けて期待される合理的な行動パターンをメンバーに要求する。このことが、規則重視と相まって、メンバーの没人格化や組織内コミュニケーションの非人格化を促進する。「なんとなく人情味欠ける機械的で冷たいイメージ」はこれを理由とする[72]。

4 官僚制の逆機能

官僚制は組織の合理性を追求するシステムであるが、それが過度に追求されると、当初意図しなかった組織の不合理性を促進してしまう場合がある。このような負の側面は官僚制の逆機能として理解できる。

例えば、規則遵守は組織の合理性を高める手段のはずだが、マートンによると、規則遵守を強調するあまり規則遵守自体が目的化し（目標の転移）、本来

72　山岡徹［2013］「よくわかる組織論」ミネルヴァ書房

の組織目標が見失われることがある。また，組織メンバーが職務上の規則を心理的に内面化した結果として，想定外の状況に直面しても，硬直的にその規則に則った行動や決定をしてしまう（訓練された無能）ことがある。これらの結果として，変化への適応よりも形式的手続きに縛られたり，規則遵守によって責任を回避するという保身的行動が組織内に蔓延したりする。また顧客の利益を無視したり，変化に対する組織の適応力が損なわれたりする危険性がある[73]。

73　山岡徹［2013］「よくわかる組織論」ミネルヴァ書房

第2節　地方自治体の組織問題

　地方自治体の組織構造も官僚制を基礎としており，合理性や効率性をもって組織が設計されている。しかし，官僚制にまつわる種々の課題も同時に存在している。組織マネジメントはどうあるべきか，まず組織の基本構造を見ていこう。

1　組織の基本構造

　組織は分業のシステムであり，基本構造には，図表3-1の機能別組織，図表3-2の事業部制組織がある。アルフレッド・チャンドラーは，企業の多角化戦略に応じて，従来のトップが全てを掌握する職能別組織から，事業領域ごとに分権的に決定する事業部制組織へ変化していく歴史的な変化を分析し，経営戦略が組織デザインに大きな影響を与えることを見出した[74]。事業の多角化の場合には，トップが処理する情報量は増加し，処理する種類も多様化するため，異なる製品事業分野ごとに，それに対応する事業部を設置し，製品分野のドメインの情報収集，分析を行い，それぞれのニーズに応じた開発と生産・販売を行うこととし，トップの情報処理と意思決定の負担を減らそうとする。これが事業部制組織である。

　実際には，純粋な機能別組織や事業部制組織よりも，図表3-3のとおり，経営，財務，人事などのいわゆる本部機能がよりトップマネジメントに近い形で全組織を統括する機能型と事業部型の混合型になっている場合が多い[75]。

図表3-1　機能別組織

74　アルフレッドD.チャンドラー［2004］「Strategy and Structure（組織は戦略に従う）」有賀裕子訳　ダイヤモンド社
75　藤田誠［2015］「経営学入門」中央経済社

第 2 節　地方自治体の組織問題

図表 3-2　事業部制組織

図表 3-3　機能を考慮した実際の組織構造

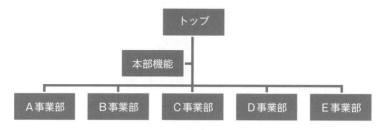

　また，図表 3-4 のとおり機能別組織と事業部制組織のほか，複雑な事業環境に対応するために，マトリックス組織を導入する場合がある[76]。マトリックス組織とは，2 つ以上の基準で組織全体の部門化を行う組織構造であり，事業部制組織のメリットである分権管理と機能別組織のメリットである専門性の向上を

図表 3-4　マトリックス組織

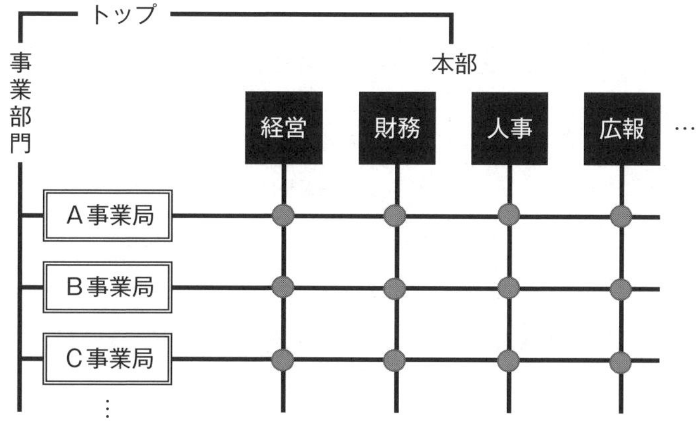

76　沼上幹［2004］「組織デザイン」日本経済新聞出版社

第3章　組織マネジメント

同時に実現することを狙った組織構造である[77]。

2　地方自治体の組織構造

　広島県の組織構造は図表3-5のとおりである。序章，県行政の領域で述べたとおり，極めて広範な行政事務の適切かつ能率的な遂行を図るため，基本構造は分業化と専門化による官僚制構造を成している。

図表3-5　広島県の組織構造（知事部局）

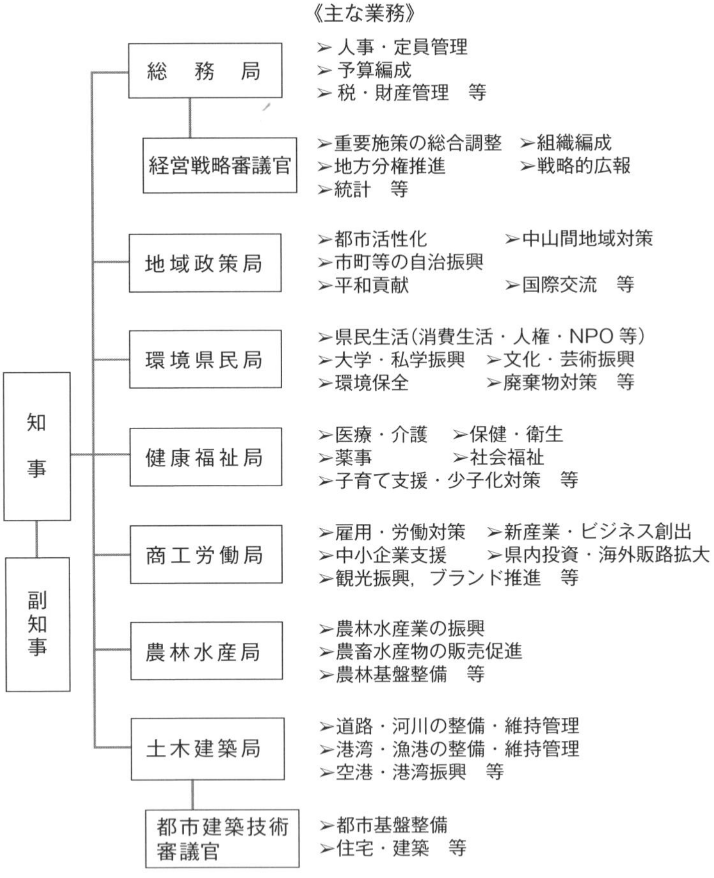

《主な業務》

- 総務局
  - 人事・定員管理
  - 予算編成
  - 税・財産管理　等

- 経営戦略審議官
  - 重要施策の総合調整　　組織編成
  - 地方分権推進　　　　　戦略的広報
  - 統計　等

- 地域政策局
  - 都市活性化　　　　　中山間地域対策
  - 市町等の自治振興
  - 平和貢献　　　　　　国際交流　等

- 環境県民局
  - 県民生活（消費生活・人権・NPO等）
  - 大学・私学振興　　　文化・芸術振興
  - 環境保全　　　　　　廃棄物対策　等

- 健康福祉局
  - 医療・介護　　　保健・衛生
  - 薬事　　　　　　社会福祉
  - 子育て支援・少子化対策　等

- 商工労働局
  - 雇用・労働対策　　　新産業・ビジネス創出
  - 中小企業支援　　　　県内投資・海外販路拡大
  - 観光振興，ブランド推進　等

- 農林水産局
  - 農林水産業の振興
  - 農畜水産物の販売促進
  - 農林基盤整備　等

- 土木建築局
  - 道路・河川の整備・維持管理
  - 港湾・漁港の整備・維持管理
  - 空港・港湾振興　等

- 都市建築技術審議官
  - 都市基盤整備
  - 住宅・建築　等

（知事－副知事）

77　野田稔［2005］「組織論再入門」ダイヤモンド社

また，構造的には図表3-6のとおり，マトリックス組織に近い形態をとっている。

図表 3-6　総務局と事業局の関連（イメージ）

知事
事業部門
総務局
経営
財務
人事
広報
…
A事業局
B事業局
C事業局

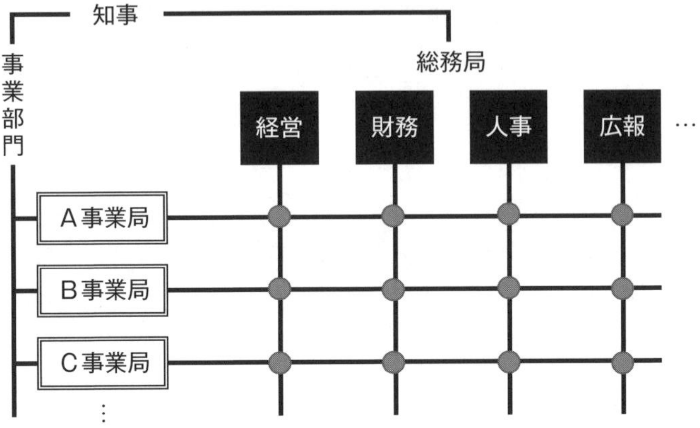

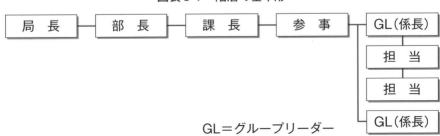

また，一般的な階層は図表3-7のとおりである。

図表 3-7　階層の基本形

局　長
部　長
課　長
参　事
GL（係長）
担　当
担　当
GL（係長）
GL＝グループリーダー

3　地方自治体の組織上の問題点

以下，組織の設計や運用にまつわる問題を掲げるが，すべてが組織設計や運用で解決できる問題ではないので，留意いただきたい。

⑴　規則による管理の目的化

規則による管理は，仕事の内容，進め方，判断基準などの標準化，予測可

能，依怙贔屓の防止などの効果があるが，法令適用だけではなく内部処理に関しても細かいルールが決められており，このような過度の規則による拘束は，杓子定規な融通の利かないお役所仕事と評価される。規則遵守を強調するあまり，規則遵守自体が目的化し本来の目標を忘れてしまう。変化への適応を忘れ，硬直的に形式的手続きにこだわり，責任回避を行う。

　これについては，組織は目的を達成するツールであるとの考え方を持って対応することが重要である。すなわち，組織体制そのものが各々のワーク目標を達成するため，成果を志向すべく，目的的に構成されているかという観点から，まず，第1章図表1-9で示した「ワーク」の体系に合わせて，組織が対応しているかどうかのチェックを行った上で，ワークの内容に合わせて，誰を責任者とし，どのような体制で業務を遂行するかなど，組織のミッション性を高めていく検討が必要である。このように，戦略を重視し，組織体制をワークごとに対応させていく中で，変則系のパターンとしては図表3-7の基本形を図表3-8のとおり変化させていくことが考えられる。

図表3-8　階層に変化を加えミッション性を高めるパターン

【担当課長制】

～ミッションの明確化を図るため，既存の「課」から特定の業務を切り出し，専任の事業責任者として，「担当課長」を新設。

《例》減災対策推進担当課長（危機管理監）

【チーム制】

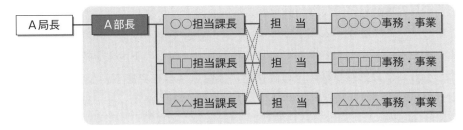

～一つの組織（チーム）の中に複数の「担当課長」を並列で設置。
あたかもアメーバのように，戦略や業務に応じて，チームを総括する「担当部長」の下，柔軟に指揮命令系統などを調整しながら，チームとして一体的に業務を遂行。

《例》イノベーション推進チーム（商工労働局）

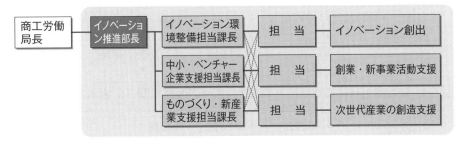

① 原則ワークの責任者は課長としているが，そこをヒエラルキーの安定，安全性を一律に考えずに，場合によっては部長をワーク責任者として位置付け，その下に課長級のスタッフや課員をつけていくというスタイルである。

② このことによって，部長のミッション性が高まり，局長が判断する情報処理を軽減できる。また，部長の下に担当課長を置き，一部の業務を担任させることで，担当課長のミッション性を高め，課長や部長の業務軽減を図ることもできる。様々なパターンが想定できるが，ワークの事業規模や重要性，困難性あるいは対外的な影響度合いを具体的に検討し，一律ではなく機動性と柔軟性を重視して，変則的なグループ，すなわちヒエラルキーの変則形をつくり出す。このことで，硬直的な判断や目標の転移を起

こさない，変化に柔軟な組織を実現させる。

　これらの検討の結果，広島県が実行したミッション重視の主な組織改正の実際の例は，図表 3-9 のとおりである。ただし，これらの検討の結果，単にポストを増やすことになっては本末転倒であるので，組織の肥大化を招かないように，設計時には，職員数の全体最適化には留意すべきである。なお，図表中，プロジェクト・チームについては，次の(2)分業によるセクショナリズムの問題にも関連する。

図表 3-9　広島県のミッションを重視した主な組織改正

領域など		主な改正内容
人づくり		
	◇女性の活躍促進 ◇出会い・結婚支援の充実	□女性の活躍支援や少子化対策の総合的な推進体制の整備 ▶「働く女性・子育て支援部長」の設置（H 25 年度〜） ▶「働く女性応援 PT」の設置（H 25・26 年度） ▶「子育て・少子化対策課」，「働く女性応援課」，「少子化対策・働く女性応援 PT」の設置（H 27 年度〜）
	◇県外からの UI ターンの促進	□地域特性を生かした魅力ある地域づくりや，定住・交流促進に向けた推進体制の整備 ▶「地域力創造課」の設置（H 26 年度〜） ▶「定住・交流促進 PT」の設置（H 27 年度〜）
新たな経済成長		
	◇イノベーションの促進	□イノベーション環境の整備や新産業・新ビジネスの創出を促進する体制の整備 ▶「イノベーション推進部長」の設置（H 23 年度〜） ▶「産業政策課」，「次世代産業課」の設置（H 23〜26 年度） ▶「イノベーション推進チーム」の設置（H 27 年度〜）
	◇医工関連産業の育成	□医療関連産業クラスター形成を促進する体制の整備 ▶「医工連携推進 PT」の設置（H 23 年 10 月〜） ▶「医工連携推進部長」の設置（H 27 年度〜）
	◇「瀬戸内」海の道構想の推進	□「瀬戸内ブランド」の確立に向けた体制の整備 ▶「海の道 PT」の設置（H 22 年 1 月〜） ▶「海の道プロジェクト担当部長」の設置（H 23 年度）

◇農林水産業の振興	□「農林水産業チャレンジプラン」の目指す姿の実現に向けた，農業，林業，水産業の推進体制の整備 ▶「農業販売戦略課（販売推進課）」「園芸産地推進課（農業産地推進課）」「農業担い手支援課」の設置（H23～26年度） ▶「販売・連携推進課」「就農支援課」「農業経営発展課」の設置（H27年度～）

《例1》少子化対策・女性の働きやすさ日本一への挑戦

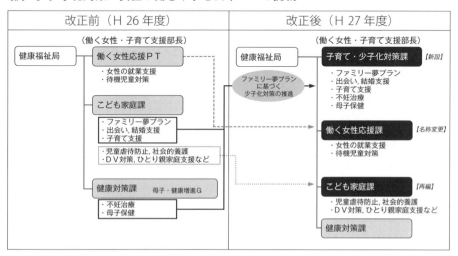

《例2》地域特性を活かした魅力ある地域環境の創造

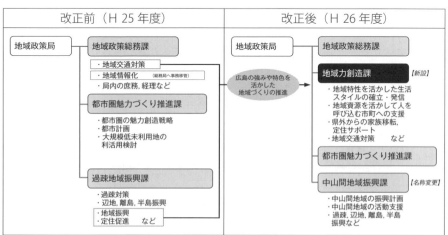

(2) 分業によるセクショナリズム

　分業体制による業務遂行の効率化は，そもそも官僚制の第一の目的であるが，過度に専門化が進むと，縦割り行政，セクショナリズム，複数窓口でのたらい廻しなどの弊害が生じる。

　これに対しては，図表3-10のとおり，プロジェクト・チームやクロスファンクショナル・チームをつくり，縦割りの組織を補正しながら業務を遂行する。社会課題の変化は著しく，組織の変化を遥かに凌ぐスピードで変化していく。このような環境下において，分業体制を基本とする官僚制では，組織と組織の間に跨る問題がしばしば発生する。このような場合，両局の間の空白を埋めるべく，状況に応じて，または期間を限定して，両局員で構成するプロジェクト・チームを結成して事に当たることが重要である。ただし，プロジェクト・チームは複数の局の兼務の人間を充てるべきではなく，必ず責任者を置き，多くは専任者をもって充てるべきである。図表3-10でいえば，A局B局に跨る課題に対して，両局でチームをつくり，A部長をチームリーダーに置き，両局から専任者を従事させ，一部は本務と兼業させるといったスタイルをとるべきである。このようなことで，分業化，専門化に付随する縦割り行政を防ぐことができる。現在置かれているプロジェクト・チームは図表3-11のとおりである。なお，プロジェクト・チームの設置は組織の肥大化を招くおそれがあるため，設置する前にプロジェクトの達成目標を明確にし，達成期限を設定しておく必要がある。

図表3-10　プロジェクト・チーム概念図

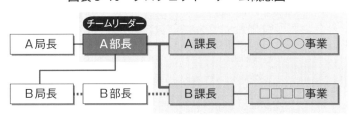

図表 3-11　広島県のプロジェクト・チーム（PT）（平成 27（2015）年度）

PT の名称	設置目的	主な関係局
定住・交流促進 PT	東京圏等からの定住・交流の加速	地域政策局 商工労働局
都市圏魅力づくり PT	県内外の多様な人材を惹きつける魅力と活力ある地域環境の創出	地域政策局 土木建築局
鞆地区地域振興 PT	鞆地区（福山市）の地域振興に向けた同地区の課題解決	地域政策局 土木建築局
平和推進 PT	「国際平和拠点ひろしま構想」の推進	地域政策局 環境県民局
少子化対策・働く女性応援 PT	働く女性に対する支援も含めた，少子化対策プロジェクトの一体的な推進	健康福祉局 環境県民局
医工連携推進 PT	医療関連産業クラスターの形成の推進	商工労働局 健康福祉局
ひろしまブランド推進 PT	ひろしまブランドの国内外での認知・評価の向上	商工労働局 環境県民局
海の道 PT	「瀬戸内」海の道構想の推進	商工労働局 土木建築局

《例》定住・交流促進プロジェクト・チーム(PT)

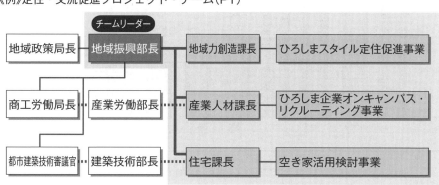

(3) 組織の肥大傾向

　組織の安定性は，自らの組織を不変のものとして受け止め，外部環境に適合することを忘れさせ，新規増の業務に対して常に人手不足を感じ，解決策として人員増に傾いてしまう。

　この問題は，組織は本来的に大きくなろうとする内部的な衝動に突き動かされるという，いわゆるパーキンソンの法則として従前から指摘される問題である[78]。例えば上記の(1)(2)の問題解決のために組織設計しても，組織全体での人員の最適配分を怠ると，肥大化を招くことになるので，この点は充分留意する必要がある。このような縦系列の組織構造の問題と一般的にいわれる一人の上司が管理できる統制の範囲，スパンオブコントロールの問題がある。おのずと統制できる範囲は経験則上決まってくるが，一般的には単純な作業の場合は比較的多くの人員を統制かつフラット化できるが，精密高度な業務になるに従って統制の範囲は狭まっていく。組織設計に当たっては，この要

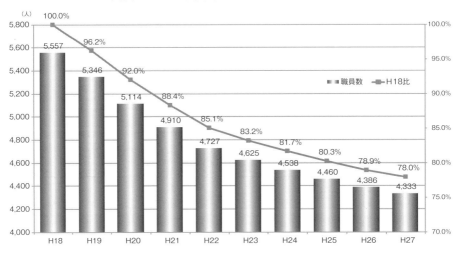

図表 3-12　広島県職員の推移（一般行政職員）

（出典）総務省「地方公共団体定員管理調査」
　　　　教育部門，警察部門，公営企業部門（企業局・病院事業局）を除く一般行政部門の職員数

78　田尾雅夫［2013］「よくわかる組織論」ミネルヴァ書房

素にも留意する必要がある。

　この問題に対しては、常に目的達成のために投入できる人員はどれだけか考察し続けることが重要で、事務事業の総点検、事業の棚卸、事業仕分けなど様々な名称は付いているが、弛まぬ行政改革を行う必要がある。図表3-12は、ここ10年間の広島県における定員管理の推移である。

(4) 集団的意思決定による没人格

　官僚制は、責任と権限を重要視し、意思決定者＝専決権者のみを重要視するが、実際の意思伝達はヒエラルキーを上下に行き来しており、局長、課長は最終決定権は有するものの、最終までの間には、幾度も説明を受ける立場でもある。説明というよりは、説得ということさえもケースによっては起こりうる。実際に、役所では、補助機関も含めて、集団で意思決定をしている現実もあり、責任者が誰なのか不明な場合が生じる。

　この問題は、組織の形態だけでは解決できないが、一般的には組織の機動性や柔軟性を高めるために設置される「チーム」を置くこともひとつの解決手段である。具体的には、図表3-8の「チーム制」のように、部長や課長の下を一気にフラット化しチームとして課員を置く。そうすることによって機動性、柔軟性に加えて、個性が表に出てきて組織の活力を高めることとなる。また、このような体制を組むことで、次に述べる問題であるイノベーションを起こす活力を生む効果もある。

(5) イノベーションが起きにくい環境

　元来、行政機関は機械的組織（官僚制）であることに相まって、財源や人員削減により資源配分が芳しくない場合、独占企業であるがゆえに競争性の欠如から漫然と前例踏襲に傾き、イノベーションが起きにくい環境が創出される。

　これに対しては、図表3-5をご覧いただきたい。従前、総務局と企画局が組織上あり、語弊はあるが、企画局は絵を描いて終わり、実際の事業の査定や人員の配置は総務局が行っていた。財政状況が良好で、人員が十分の時代

はこれで機能は回転していたが，財政状況が厳しさを増し，人員削減つまり行政改革の時代に入ると，資金と人員の資源配分に制限がかかることから，総務局が決定する方法では，どうしても発想や思考が制限されてしまう傾向が顕著になってきた。このため，戦略策定と資源配分を同一の総務局で行いながらも，同格の総務局長と経営戦略審議官が，相互にチェック・アンド・バランスをとれる体制に改めた。同時に，経営戦略審議官には，従来の企画機能にプラスして，施策全体のPDCAを回す権限と責任，すなわち施策マネジメント変革の権限を与えた。地方自治体が成果を志向するための全体の仕組みを図表 3-13 のとおり考え，推進することが重要である。

図表 3-13　戦略・資源・組織の関係

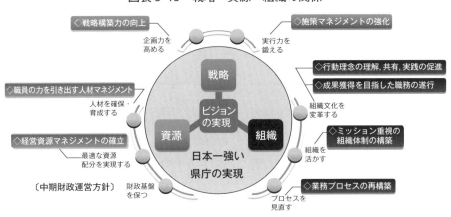

　地方自治体の場合，安全性や安定性を重視した組織の設計が行われることが多い。これは先述した官僚制がその基本となり，法令や制度を公正無私に機械的に運用することに重点が置かれてきたためである。しかし，社会が多様化し，先の予測が極めて困難で，外部環境が著しく変化する現代，官僚制に基本を置きつつ，成果への志向を高めるためには，ミッション性の高い組織を常に追い求める必要がある。3で述べた実例はほんの一部であり，今後も実践を通じてベストな組織の在り方を追求していかなければならない。

第3節　組織運営

1　トップマネジメントとミドルマネジメント

いくらよい組織を作っても，その運営を間違えば，よい成果は生み出されない。特に地方自治体の場合，この組織運営については，長い時間をかけて，各地方自治体独特の慣習が作り出されており，それを変えていくことは容易ではない。

前節では，地方自治体の組織も，戦略的事業単位であるワークに従い形成することが成果志向の観点から重要であることは述べたが，地方自治体の場合，その官僚組織の性格が色濃いことから，組織運営という観点からの意思決定プロセスの改革にも着目することが肝要である。

具体的には，①トップマネジメント，②ミドルマネジメントの2つの視点から，組織運営を変革していく必要がある。

まず，トップマネジメントについては，地方自治体の場合，首長が公選制であること，予算や条例等の意思決定プロセスに議会の存在があることなどから，企業とは少し異なる側面も存在するが，地方自治体の意思決定プロセスの中で，どういう機能を担っていくのかという点については，重要な課題である。実際の地方自治体におけるトップマネジメントの効用としては，トップマネジメントをいかに支援するかという点が最も現実的な論点となると考えられる。地方自治体の行う業務は非常に範囲が広い上に，地方自治体を取り巻く環境変化のスピードも年々増している中にあって，どうやってトップマネジメントを支える仕組みを導入するかが重要である。

次に，ミドルマネジメントについてであるが，近年，企業においても，組織における要の存在とされるミドルの役割の重要性を再認識させる必要性があるといわれている。

これまでミドルは，文字通り中間管理者であり，組織の階層の中間に位置し，部下を管理する者として受け止められてきた。経済が右肩上がりの発展を持続し，企業が成長を続けていく状況のもとで，部下に効率的に仕事をさせるべく管理するという役割がミドルの職務として重視されてきた。企業の成長がほぼ

自動的に保証されていると仮定すれば，与えられた目標や計画についてミドルが疑義をさしはさむ必要はほとんどないし，ミドルは効率化実現のために部下を計画と実績にしたがってコントロールすればよいことになるであろう。その結果，このような考え方が当然のものとして受け止められ，環境変化のいかんにかかわらず，ミドルという階層においてルール優先のマネジメントが蔓延してしまうことになり[79]，昨今の環境変化に対応することが難しくなる。

したがって，地方自治体においても，もはや国の決めた法令や方針通りに業務を遂行すればよいという時代ではなくなっており，企業同様に，ミドルマネジメントについても，変革を図っていく必要があるとともに，これまで以上に現場レベルの情報を拾い上げ，課題を把握していくことが重要となってくる。

2　地方自治体における組織運営

まず，地方自治体では，どういう組織運営を行っているのだろうか。組織運営のうち，経営戦略に関するものは，これまでの章において述べてきたし，その経営戦略とセットで考えるべき組織構造という点については，前節で述べてきた。

そこで，こうした組織構造を実際に動かしていくという観点から，特に議論となるトップマネジメントの部分とミドルマネジメントの部分について広島県で実際に行われているケースをこれまでの議論を踏まえてここで触れることとする。

まずは，トップマネジメントを支える仕組みのひとつとして，経営戦略会議という，知事，副知事，各局長等の幹部が一堂に会して行われる会議がある。これは，県の最高意思決定機関として，各種計画などの重要案件について，議論が行われる会議であり，原則として週に1回開催される。ここでは，自身の本来の職務とは直接関係のない分野の議題においても，闊達に議論が行われる。

また，この会議での議論は，各所属での会議や庁内のネットワークを通じて随時，情報共有がなされていくこととなり，全庁的な共有が図られている。

---

[79]　慶應戦略経営研究グループ［2002］「「組織力」の経営　日本のマネジメントは有効か」中央経済社

その他に，トップマネジメントを支える仕組みとして，知事，副知事のほかは，外部有識者8名で構成される経済財政会議という会議体がある。これは，民間の見地から県政の重要課題の解決策の方向性を議論する場であり，外部からの視点を入れることで，内部ではなかなか出にくい意見や論点等について，組織が吸収する場であるといえる。

また，ミドルマネジメントについて，広島県では，各局に経営企画監というポストを設置し，まさにその局の中心的存在として機能させている。例えば，すでに述べたトップマネジメントを支える仕組みである経営戦略会議に，各局の経営企画監は，毎回出席しなければならない。その効果としては，目の前で繰り広げられる幹部の議論などを通じて，県政が目指す方向性などについて意識共有を図ることがあげられる。これにより，トップがミドルに対して，県政が目指す方向性などについての理解・共感・共鳴を促すこととなる。このようにミドルへの将来ビジョンの浸透がなければ，なかなか組織全体への浸透ということは難しいからである。また，この会議に参加することにより，その情報をベースとしながら，各局内の施策や事業をマネジメントしていくことが期待されている。

さらに，各局の経営企画監で構成される経営企画監会議という会議体が設置されており，トップマネジメントの経営戦略会議にかける議題を事前に議論している。経営戦略会議と同様に，県政が目指す方向性に照らして，どうあるべきかなどについて，自分の担当局の業務であるかどうかに関わらず議論が行われている。

このように，トップマネジメントである経営戦略会議への参画とミドルマネジメントの経営企画監会議への参画により，経営企画監は，まさに県政全体に常にコミットメントしながら，そうした情報を踏まえ局内を調整している。そして，こうした経験を通じて，将来の幹部の人材育成にもつながっていくものである。

これは，従来の地方自治体のミドルマネジメントで求められてきたものと比較すると，組織の階層の中間的存在である点は言うまでもなく変わらないが，「部下に効率的に仕事をさせるべく管理する」という中間管理者的役割とは異

なり，ミドルが上下のコミュニケーションを図るとともに，水平方向のコミュニケーションも図るというプロセスを通じて，県政の価値創造に当たり，中核的存在となっている。

第4節　組織文化

1　組織文化とは

第2節で説明した組織体系や組織構造が、組織全体のハードを意味する概念であるのに対して、組織文化は組織全体のソフトを意味する概念[80]であるといえる。

組織文化については、人によって定義の仕方が異なるが、シャイン（E.H.Schein）の示した[81]概念図がよく知られており、彼は、組織文化には人工物、価値観、基本的仮定の3つのレベルがあると想定している。

図表3-14　組織文化のレベルと構成要素

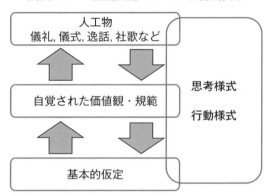

（出典）藤田 誠［2015］『経営学入門』中央経済社

まず、人工物とは、オフィスのレイアウト、儀礼・儀式、逸話・社歌などの要素であり、相対的にみれば、観察可能なものである。そして、その人工物を生み出していくのが、価値観あるいは規範である。組織文化の構成要素としての人工物は、それ自体に意味があるというよりは、それらを通して組織内の価値観・規範が組織メンバーに伝達されるという点に意味がある。

80　藤田 誠［2015］『経営学入門』中央経済社
81　Schein,E.H［1985］Organizational culture and leadership, Jossey-Bass.（清水紀彦・浜田幸雄訳［1989］『組織文化とリーダーシップ』ダイヤモンド社）

例えば、人工物であるオフィスのレイアウトで、幹部クラスでも個室ではなく大部屋を利用するというケースは、上下関係等よりも、緊密なコミュニケーションと情報の共有を尊重するという価値観・規範を反映しているといえる。このように、自覚された価値観・規範とは、日常的に組織メンバーがある程度自覚しているような価値観・規範を意味する。

また、シャインは、さらに、価値観・規範よりも深いレベルに基本的仮定と呼ばれるものが存在し、それは、自覚された価値観・規範よりももっと根源的なレベルで組織メンバーの思考様式、態度、行動などを規定する無意識の価値観・規範というべきものであるとしている。

このように、組織文化は、組織の表層に現れる表面的なことから、組織の構成員の無意識の価値観等まで幅広い概念であり、それは、組織の構成員の思考様式や価値観と密接不可分の関係にあり、組織構造や組織体系と並び、組織全体のパフォーマンスに影響を与えるものである。

2 組織文化と経営戦略

組織文化は経営戦略とも密接に関連している。図表3-15のとおり、経営戦略も組織文化も経営理念に影響を受けるという点で、両者はつながっているといえる。

図表3-15 経営理念、経営戦略と組織文化

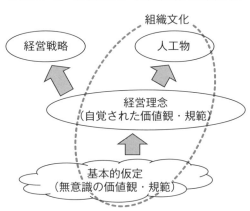

(出典) 藤田誠（2015）「経営学入門」中央経済社

例えば、グーグルは、「世界中の情報を整理し、世界中の人々がアクセスできて使えるようにすること」というミッションステートメントが有名であるが、このミッションステートメントに基づく価値観等が、経営戦略や組織文化を形成する基礎となっている。

また、組織構造が組織のハードであるのに対して、組織文化は組織のソフトであるという説明をすでにしたが、なぜその組織がそのような組織構造になっているのかを理解しようとすると、組織文化が関わってくることも少なくない。もちろん、組織構造は組織文化だけで決定されるのではなく、その組織がおかれている環境や事業の性格等によっても決定される。しかし、そのような客観的な要因だけではなく、組織文化が組織構造を規定する面があり、逆に組織構造が組織文化に影響を与える側面もあるなど、その両者は、相互作用の関係にあるといえる。例えば、組織や意思決定プロセスを変革することは、それ自体にも意味があるが、その変革を通じて、職員の思考や行動様式などに変革をもたらすという意味もあるわけである。

3　経営理念の体現と浸透

地方自治体においても、一般の民間企業同様に、ミッションやバリューという経営理念が重要であることは、これまで述べてきたが、文章化しただけでは、人工物にすぎない。組織の構成員に自覚され、無意識のレベルにまで定着して、はじめて組織文化といえる。そのためには、組織の構造や制度に組み込み、構成員が体現していく必要がある。

経営理念の体現先として、梅澤氏[82]は、次の3つであるとしている。
・社員の思考・行為様式への体現
・人事施策・組織運営などにかかわる経営の諸制度への体現
・事業活動の成果としての製品・商品・サービスへの体現

そして、この3つを組織文化論に則して概念化すれば、この順序で「内面化」「制度化」「具現化」と名付けている。そして、経営理念の内面化、つまり経営

82　梅澤　正［2006］「組織文化　経営文化　企業文化」同文館出版

理念を社員の「思考と行為の様式」へ体現させることを欠いては，どのような経営理念も決して実現されない。しかし内面化だけでは，経営理念の体現は十分とは限らない。制度は経営理念の徹底を支え，促進するソフト装置である。つまり経営理念の制度化は，目指す経営理念の体現にとって不可欠である。だが，経営理念は，最終的には，経営活動の成果に体現されなければ，意義をもたない。それに向けて工夫と努力を傾け，その会社固有の経営成果，つまり製品・商品・サービスへの具現化によって経営理念の体現は完成することになる。そして，体現された経営理念は，やがてその組織の「組織文化」となっていくことになる。

　また，経営理念が浸透していくことについて，梅澤氏は，「経営理念が浸透していくと，組織や職場に経営理念に対応した性格の行動規範が形成され，これが日常的な指針として社員を方向付ける。加えて，様々な儀礼と儀式，行事や催事（イベント）といったものが生み出され，これが経営理念を意義づけるものとして作用する。こうして社員の意識や行動はパターン化され，会社にはそれなりの性格が形成されていく。」とひとつのストーリーとして示している。

　また，同様の考え方として，コリンズとポラスは，優れた企業を調査した結果，それらの企業を「ビジョナリーカンパニー」という概念[83]で示している。ビジョナリーカンパニーは，「我々は何者で，何のために存在し，何をやっているのか」という組織の土台となっている基本的方針である基本理念を大事にし，維持するとともに，その基本理念に基づき，進捗を促すよう行動していることが共通の法則となっている。

4　地方自治体における経営理念の体現

　経営理念の体現のうち，職員の思考や行動様式への体現として，広島県では，「広島県職員の行動理念」として策定し，全職員が業務遂行の拠り所としていることは，すでに述べたが，その浸透に向けて，様々な取組を行っている。
　まずは，視覚的な浸透を図る観点から，携帯用カード，名刺用台紙，ポス

83　Collins,J./Porras,.L［1994］Built to Last: successful habits of visionary companies（山岡洋一訳［1995］「ビジョナリー・カンパニー」日経BP出版センター）

ター，PC起動画面などに行動理念を掲載することで可視化している。

　また，日々，言葉に出すことで浸透を図る観点から，各所属において，毎朝，行動理念を唱和しているほか，幹部による庁内放送による唱和なども実施されている。職場によっては，この毎朝の行動理念の唱和の際に併せて，職員が交代でスピーチを行い，職員間のコミュニケーションを深める取組を行っている。

　当然ではあるが，この行動理念は，こうした取組により記憶しただけでは，何の意味もない。実際に，各職員が，この行動理念に基づき，業務遂行の中で実践していく必要がある。

　そこで，広島県では，行動理念の実践を図るため，行動理念に基づき職員が行動した事例を毎月，各職場から候補として提出していただいた上で，幹部会議である経営戦略会議の場において，幹部の投票により「ベストプラクティス」を決めるという表彰制度を行っている。この「ベストプラクティス」に選ばれた職員は，直接，知事から表彰を受けるとともに，その行動に至った背景や工夫した点などについて，知事と懇談する機会が設けられる。ここで注目すべきは，この「ベストプラクティス」は，単に「よい成果」をあげた事業や職員を表彰する制度ではなく，あくまでいかに行動理念に沿って職員がよい行動を行ったかということが評価の基準であるということである。

　また，この「ベストプラクティス」は，庁内の電子掲示板にも掲げられることにより，全職員が，行動理念に基づき行動した事例を参考にすることができるようにもなっており，年に1回選ばれる「年間ベストプラクティス」は，1年分のベスト・プラクティスの中から最も優れた行動だと思われるものを，全職員の投票により選定している。

　このように，広島県では，策定した経営理念が，ただの紙切れになってしまわないように，様々な手法を用いて，徹底的にその浸透を図っている。

　また，組織運営への体現という意味において，重要な役割を担っているのが，第3節2で述べた経営戦略会議という，知事，副知事，各局長等の幹部が一堂に会して行われる会議である。これは，県の最高意思決定機関として，各種計画などの重要案件について，議論が行われる会議であり，原則として週に1回開催されているが，この会議を各局のミドルマネジメントを担う職員が毎回傍

聴しており，目の前で繰り広げられる幹部の議論などを通じて，県政が目指す方向性などについて意識共有が図られるほか，この会議での議論は，各所属における会議や庁内のネットワークを通じて情報共有がなされていくことになる。

広島県では

広島県におけるベストプラクティスの例

　広島県では，経営理念に沿った職員の優良な行動を毎月表彰しているが，具体例としては以下のようなものがあり，成果ではなく，いかに経営理念に沿った行動を行ったかが評価基準となっている。

《書籍「県立広島病院　お医者さんたちのお話」の発刊》

≪経緯≫
- 県の基幹病院である県立広島病院において，4年前から，様々な職種の病院スタッフが県内各地に出向き，「地域巡回講演会」（出前講座）を実施。
- この「地域巡回講演会」が好評を博したことなどから，これまでの講演内容などをより広く県民に提供するため，書籍を発刊することとした。

≪取組の内容≫
(1) 概　要
　　「女性の健康」「生活習慣病」「不老長寿」「救急・小児疾患」「がん医療」などに分けて掲載し，様々な職種の病院スタッフが，医療などを提供する側の視点だけでなく，県民の視点で分かりやすく記載
(2) 書籍名
　　県立広島病院　お医者さんたちのお話
(3) 執筆者
　　県立広島病院の医師，看護師，薬剤師，管理栄養士，理学療法士など60名の分担執筆

県 民 起 点
- 県民の健康増進を図るため，県民が病気を予防する上での参考となるよう，「お話」形式での平易な表現で，県民に分かりやすく編集

現 場 主 義
- 「地域巡回講演会」での「実際の診療の場では，なかなか聞きづらい治療や予防などの話を詳しく聞くことができてよかった。」といった声を真摯に受け止め，書籍にまとめて発刊

予算志向から成果志向への転換
- 公立病院のスタッフの日常経験に基づく全国初の書籍であり，県立広島病院の取組を広く県民にPR

第5節　組織の中の人間行動

1　モチベーション

組織の中で人間はどのようにして，「やる気」＝「モチベーション」を高めるのか，これまで様々な研究が行われてきた。ひとつは，モチベーションを欲求を充足するための行動と理解する「欲求（内容）理論」と，もう一方は「人間がやる気になる仕組み」を解明しようとする「プロセス論」に二分される。

欲求理論では，マレー理論，マクリーランド理論，マズローの欲求段階説とERG理論などがあるが，基本は人間の欲求は，生理的欲求から自己実現の欲求まで多重的に認識すべきだと研究されている。ハーズバーグは，動機付け―衛生理論（2要因論）を提唱した。これは労働における人間のモチベーションに影響する要因（インセンティブ）に注目し，モチベーションに関連する要因を大きく以下の2つに分類している。①衛生要因[84]（不満足要因）＝会社の方針，監督者との関係，同僚との人間関係，労働環境，給与など②動機付け要因（満足要因）＝仕事の責任，達成感，周囲からの承認，挑戦的な仕事など。

この理論の特徴は，これまで動機付け効果があると思われていた要因が，実は積極的な動機付けにはあまり影響がないと主張する点にある。これらの要因は，①衛生要因あるいは不満足要因と呼ばれ，例えば上司との折り合いが悪いといった場合，それは職務上の不満要因になる。しかし，そうした不満要因が解消されることと，積極的に働くこととは別であるという。

それに対して，②動機付け要因あるいは満足要因と呼ばれるものは，仕事内容それ自体に直接関連するものが多く，積極的なやる気に関連しているとされる。給与は，動機付け要因ではなく衛生要因に分類されているのが興味深い[85]。給与などの経済的なインセンティブが軽視されていると感じるのは，筆者だけではないと思うが，理論は理論として，実際の職業人のベースは，やはり経済的なインセンティブにあり，ただそれだけではないと理解するのが妥当ではないだろうか。

84　予防すべきであるとの意味で「衛生」という言葉を使用している。
85　藤田　誠［2015］「経営学入門」中央経済社

次に、プロセス論には、公平理論、期待理論、目標設定論などがあるが、実践的に考えて、目標設定論が重要である。目的設定論は、図表3-16のとおり、目標を設定することで人間行動の「意図」の部分に影響を与えようとするものである[86]。

図表3-16　人間行動の基本モデル

2　価値アラインメントシステム

　個人のモチベーションを高め、組織に好影響を与え、組織が結果を出す、成果をだすためには、個人ベースの内的なモチベーションを刺激し、行動を引出すことが極めて重要であるといえる。このためには、図表3-16の、信念や価値観が基本的な事項として重要であり、価値感を個人レベルで揃え、組織レベルにまで共振させれば、組織として高いレベルでのアウトプットを実現することができる。

　このためには、まずは個人が価値観に共感・理解し、価値観を組織で共有する基盤を整え、目標管理による成果を給与等に反映させることでモチベーションを高め、また、個人の目標管理と施策のPDCAの仕組みを連動させることで、個人のモチベーションを組織の力にまで共振させる一貫したシステムを構築することが重要である。具体的には、第1章第1節3及び第3章第4節4で述べた、ミッション、バリューの普及浸透、価値観の共有。第2章第3節4で述べたPDCAによる施策マネジメント。第4章第2節1，2で述べる目標管理によるインセンティブ付与、給与によるインセンティブ付与。これらを図表3-17のとおり、統合システムとして認識し、首尾一貫したシステム＝価値アラインメントシステム[87]を構築することで、組織として高い成果を生み出す

86　藤田　誠［2015］「経営学入門」中央経済社
87　第1章第1節3

ことができる。

図表 3-17 価値アラインメントシステム

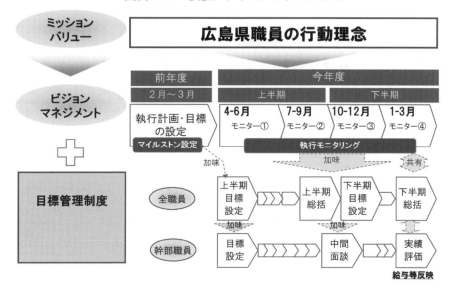

コラム　組織と個人の欲求を合致させる方法

　ドラッカーは、「現代社会の絆の強さは、知識労働者の欲求と社会の目標とを、いかに合致させるかにかかっている」としている。

　通常、知識労働者は、経済的な問題は抱えていない。雇用は安定し、かつその知識のゆえに転職の自由まである。しかも彼らの欲求と価値観は、組織における仕事と知識を通して満足させられる。

　しかし、雇われの身で、命令を受ける身であり、自己疎外、倦怠、フラストレーション、諦観が問題となる。そこで、ドラッカーは、成果に向けた自己啓発こそが手にし得る唯一の答えだという。しかもそれが、組織の目標と個人の欲求を合致させる唯一の方法でもある。

　「成果をあげる能力によってのみ、現代社会は2つのニーズ、すなわち個人からの貢献を得るという組織のニーズと、自らの目的の達成のための道具として組織を使うという個人のニーズを同時に満たすことができる」

　(参考)「ドラッカー時代を超える言葉」上田惇生　ダイヤモンド社

第4章

人材マネジメント

第1節　人材マネジメント戦略（総括）
第2節　人事評価・給与制度
第3節　採用・人事異動
第4節　人材育成

> ### Point
> ▶最も重要な経営資源は「ヒト」であり,その「ヒト」を対象とする人材マネジメントは企業経営の鍵である。
> ▶広島県においては,県庁のミッションとバリューを明確にして共有することを優先し,中でも,「成果志向への転換」を最も重要な視点として意識改革を進めており,成果志向を高める個別ツールのひとつとして,「目標管理・評価システム」を活用している。
> ▶「給与制度」「採用・人事異動」「人材育成」などの様々な取組も含め,常に,効果・成果を検証しつつ,不断の見直し・改善に努める必要がある。

第1節　人材マネジメント戦略（総括）

1　人材マネジメントの必要性

　企業内における人材についてのマネジメントは,従前の「人事労務管理」から「人的資源管理」,さらには「人材マネジメント」(Human Resource Management) へと名称が変わってきた。人事と労務という二種類の雇用管理を総称した名前から,人材が経営資源であるという認識を経て,今は,人材マネジメントという言葉が使われている[88]。

　企業の代表的な経営資源としては,「ヒト」「カネ」「モノ」「情報」などが挙げられる。かつては企業経営を考えるときに,「カネ」と「モノ」に重きが置かれることが多かったが,最近は,「これからは組織や人がより重要である」や「人のマネジメントが今後の企業経営の鍵である」といった声がよく聞かれるが,その背景には,次の2つの理由があると考えられる。

　第1に,企業が環境変化に対応するには個々の「ヒト」の能力が必要,ということである。これまでは,経営陣など一部の個人が過去の経験を生かして意

88　守島基博［2004］「人材マネジメント入門」日経文庫

思決定してきたが、現在、企業が直面している環境変化は不確実でかつスピードが速い。そうした状況に柔軟に対応するには、より多くの個人が戦略目標を理解し、迅速かつ的確に意思決定できるような「ヒト」のマネジメントが不可欠である。

第2は、企業の競争優位の源泉が、資金や設備などから知識や知恵へとシフトしつつある、ということによる。つまり、知識や知恵を生み出す「ヒト」をいかにうまくマネジメントするかが、競争優位を築き、維持するうえで重要になっている[89]。

また、経営資源としての「ヒト」は、他の経営資源に比べて、次のような特徴や行動を持つと言われている。

まず、第1の特徴は、経営資源を構成する要素の中で、最も基本的かつ重要な要素であるという点である。「カネ」「モノ」など他の要素は、「ヒト」によって動かされることで初めて、その本来の役割を果たすことができるに過ぎない。

第2の特徴としては、「ヒト」は生身の人間であるため、喜怒哀楽の感情を持ち、また、高度な思考をする主体であるという点である。このため、企業組織の中においても、上位管理者からただ単に拘束されるだけでは、ヒトは不愉快に感じるが、その拘束の下でも、自由で自律的な行動を求める存在であるという点が、他の資源とは違う大きな特徴である。

また、第3の特徴として、他の資源のマネジメントとは異なり、真に革新的でこれが決定版と呼びうるような管理手法が生み出されることはまずありえないということである。なぜなら、生身の人間を管理するに当たって、感情や主体性を持った人間を組織に統合し調整するという基本問題の構造は、いくら時代を経てもそう簡単に変わるものではないからである[90]。

これまで、日本の人材マネジメントは、民間企業、行政機関を問わずインクリメンタリズム（右肩上がり、増分主義）を前提に、

① 個人的能力を通じた特定の役割に対する成果ではなく、組織への長期的、総合的な貢献の重視

---

89 グロービス経営大学院［2008］「MBAマネジメントブック　改訂3版」ダイヤモンド社
90 上林憲雄［2012］「人的資源管理論」

②　組織目標の達成に向けた人材の能力開発
③　慎重な選考に基づく既存スキルの獲得ではなく，組織内部における人材開発志向
④　職務と人材のマッチングでなく，組織と人材のマッチング
⑤　外部労働市場と内部労働市場の分離

などの特性を持って形成されてきた。

以上の特性は，日本の人材マネジメントが「投資型」の構造を持ってきたことを意味する。「投資型」では，組織と外部労働市場との接点を新人採用に極力限定し，人材を内部労働市場化した後に育成する方法を基本としている。したがって，外部労働市場との接点である新人採用に多くの資源を投入し，そこでの評価をベースに育成を行うため，経営資源としての人材の振幅が大きくならざるを得ない。

こうした「投資型」マネジメントは，今後も重要な手法となる。特に，少子化・高齢化が進行する日本においては，若手労働力人口の減少が予測される中で，有能な人材を組織内に維持することが極めて重要な課題であることは否定できない[91]。

2　人材ポートフォリオを前提とした人材の確保と育成

「人材マネジメント」の対象としては，大きく，人材の①採用，②育成，③評価，④処遇，⑤異動・配置，⑥退出がある。

「人材マネジメント」は「ヒト」を経営資源として積極的にとらえる点に特色があるが，従来の人材マネジメントは，人材を経営資源としてとらえても，いかに資源活用を行っていくかという領域に止まり，人材マネジメントの方向性の検討に限定されていた。この状況を打破し，組織の目標を達成するためのビジネスモデルと意図的・積極的に連動させた人材マネジメント，いわば「戦略的な人材マネジメント」の展開が必要となっている。

この戦略的な人材マネジメントを展開するためには，基本的に次の3つのス

91　「PHP政策研究レポート」（Vol.6 No.75）2003年9月

テップが必要となる。第1は，組織目標の達成に貢献する人材の具体的なハイパフォーマー的人物像の抽出，第2は，人材ポートフォリオの形成，第3は，組織目標の達成に対する人材の貢献度を高めるためのパフォーマンス・マネジメントである。

戦略的人材マネジメントの出発点は，組織目標の達成に資源となって貢献してくれる人物像を具体的に描き認識することである。具体的には，行動様式，スキル，価値観に支えられたモチベーションなどから総合的に認識し抽出する。

人材ポートフォリオは，第1に「組織目標の達成に貢献してくれる人的資源をいかなる条件で確保するか」という問題，第2に「貢献してくれる人的資源をいかに組み合わせるか」という問題，そして第3に最も重要なこととして，「戦略変更や組織変更に伴う人材ポートフォリオに見合う人材をいかに確保・育成するか」という問題の3つに分けられる（図表4-1）。

第1の問題では，コストパフォーマンスを含め，効率的に組織目標の達成に貢献してもらうためのモチベーションに影響を与えるインセンティブは何かを具体的に模索する。

第2の問題では，組織目標の達成に対していかなる資質の人的資源を人数としてどの程度確保し，いかなる時期にいかなる資質同士を組み合わせるのが効果的かを検討する。

第3の問題では，戦略又は組織の変更に伴い人的資源について柔軟に入口・出口から外部市場にアクセスすると同時に，変更した目標等にどの程度貢献するかを判断する。しかし，この問題の難しさは，柔軟性を高めれば有能な人材を組織外に流失させる危険性があり，一方で硬直的にすれば新しい目標達成に貢献しないばかりか，必要な人材確保にもコスト面などから支障を来す結果となることである。このことは，戦略や組織変更が生じた場合に，組織内に恒常的に確保すべき人材と流動化させる人材の区分けにも結び付く重要な問題である[92]。

---

92 「PHP 政策研究レポート」（Vol.6 No.75）2003 年 9 月

図表 4-1　人材ポートフォリオのイメージ図

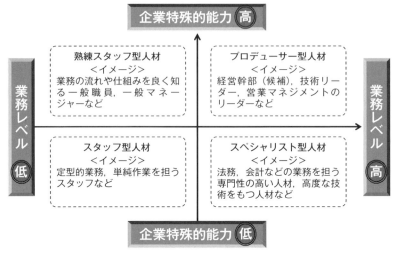

（出典）中小企業庁「中小企業白書　2007 年版」

3　ミッション・バリューと人材マネジメントの整合性

　人は，自分の価値観や目的が所属している組織のミッション・バリューやビジョン，目的に合致したり，共感できる部分が大きい場合などに，働きがいを感じる。したがって，「ヒト」を惹きつけ，その能力を発揮させるためには，企業はミッション・バリューやビジョンを明示する必要がある。

　さらに，組織としてミッション・バリューやビジョンを尊重し，従業員にもそれらに沿った行動を求めていることを，具体的な施策を通して伝えなくてはならない。それには，ミッション・バリューやビジョンを実現するための経営戦略と，それを支える人・組織のマネジメントが必要となる。このとき，ミッション・バリュー，ビジョン，経営戦略，人・組織のマネジメントのすべてにおいて整合性をとることが重要である。これらの間で整合性がとれていなければ，経営理念に共感を覚えて入社した従業員のモチベーションが下がったり，戦略目標の実現を妨げるような行動を取ったりするなどの副作用さえ生じるおそれがある[93]。

93　グロービス経営大学院［2008］「MBA マネジメントブック　改訂 3 版」ダイヤモンド社

4　地方自治体における人材マネジメント変革の実践

　戦略的な行政経営において，人材マネジメント戦略は極めて重要であることは，前述のとおりである。

　従来の地方自治体には，「人事労務管理」はあったが，「人材マネジメント」という明確な概念は希薄であった。また，第1章で述べたとおり，地方自治体の施策の方向性を示す総合計画や分野ごとの計画は存在していたが，ミッションやバリューが明確化され，組織内で共有化されることは少なかった。

　広島県においても，採用，人材育成，人事配置といった各要素に係る基本的な考え方や方針は存在していたが，やはり，従来の人事・労務管理的な考え方が主流であり，県としてのビジョンを推進するための戦略といかにマッチさせるかという視点が欠けていたと言わざるを得ない。

　加えて，もうひとつの重要な要素である，人材マネジメントとミッション・バリューとの整合性の観点についても，これまで，職員全体に浸透した明確なバリューが存在していなかったこともあり，人事労務管理の上では，あまり意識されてこなかった。

　また，これまで漠然とした形で長期間にわたり醸成されてきた組織文化や組織風土をどのように変えていくかが，往々にして，非常に大きな壁として立ち塞がることもあった。こうしたことを踏まえ，広島県においては，まず明確なバリューを掲げ，定着させるよう取り組むこととし，中でも，「成果志向への転換」（成果オリエンテッドへの転換）を最も重要な視点として，意識改革を進めてきた。

　一方，人材マネジメント戦略の構築に向けたアプローチについては，総括的なドキュメント策定に向けて議論する前に，まずは，ミッション・バリューを新たな自治体文化として醸成することを進めながら，その下で様々な個別の制度改革も同時に進めるというやり方が現実的で，かつ着実に歩みを進めることができると考えて，こういった手法を採ることとした。

　こうした中で，広島県においてまず導入したのが「目標管理・評価システム」である。それまで管理職員のみに目標管理制度が導入されていたが，大幅に見直しするとともに，対象を一般職員にも拡大し，職員全体が，自らのミッショ

ンと成果を常に意識することによって，成果志向への意識変革を現場の中で醸成することにつなげるとともに，設定した目標の達成度とプロセスを評価することによって，チャレンジングな思考を養成するなど，人材育成のツールとして活用している。ただし，あくまでも，この制度は「成果主義の導入」ということではなく，成果志向を徹底するための仕組みのひとつとして導入したものである。なお，成果志向とは，結果としての「成果」だけではなく，計画を策定する段階から常に成果を意識していくことを追求しようとする姿勢を指す。

　加えて，管理職員に対しては，年功的な定期昇給制度を廃止し，成果などに基づく評価によって給与が決まる，実質的な年俸制度を導入し，より一層の成果志向の実現を目指した価値観の徹底を図っているところである。

　さらに，その後，人事異動の見直し，採用制度の見直し，独自給与制度の導入，コンピテンシーによる人事評価制度の見直しなど，戦略的視点に基づいた様々な仕組みの導入や見直しを行ってきた。

　こうした，これまでの取組に加え，基本的な理念，効果検証に基づく今後の課題と取組の方向性を総括的に取りまとめたものが「人材マネジメント戦略」であり，この内容に関して，さらに効果検証を継続しながら，新たな仕組みの導入や見直しについて絶えず検討し，実行に移すことが必要である。

　とりわけ，様々な環境変化を意識しながら，戦略と整合した多角的な観点からの人材ポートフォリオをより一層明確にしていくこと，また，人材の流動化が困難な公務職場の中で，内発的要因による長期的なモチベーションを維持・確保するための取組を検証・改善しながら継続する必要がある。

　次節以降，これまで導入してきた個別のツールや今後の課題などについて順に触れていくこととしたい。

広島県では

「人材マネジメント戦略」（平成28（2016）年3月策定）の概要

≪目指す姿≫
「日本一強い県庁」を支える人材の確保・育成・活用
・職員一人ひとりの専門性強化，多様な人材確保等により，最適な人員配置が実現している
・職員一人ひとりが自らの強み・課題を認識し，自ら成長し，成果を出すという高い意識（成果志向）を有している
・男性も女性も様々な働き方が可能となり，暮らしが充実することで，仕事に対しても高い意欲を持って取り組んでいる
・職員一人ひとりが自らの成長やキャリア形成について，長期的な見通しと自信を持ち，満足している
・働きやすく，成果を生み出しやすい職場風土が醸成されている

≪求められる職員像≫
　成果の獲得に向け，絶えず変化を先取りして，新しいビジョンを描き，果敢にチャレンジする職員
〜「広島県職員の行動理念」に共感し，体現するとともに，その職に必要なコンピテンシーを発揮〜

≪今後の取組方向≫

1　人材ポートフォリオを踏まえた，高度・複雑な行政課題に対応できる人材の確保・育成	(1) 専門能力を持った人材の確保・育成 (2) リーダー人材（マネジメントを担う人材）の育成 (3) 多様な人材の確保 (4) 女性人材の活躍推進
2　職員が高いパフォーマンスを発揮し続けるための仕組みづくり	(1) 成果意識の高揚につながる仕組みの構築 (2) 職員の満足度の向上 (3) 職員の成長を促す指導・育成の強化 (4) 採用・異動方針の明確化
3　働き方の多様化への対応を通じた自発的な能力開発等の推進	(1) ライフイベント中や社会活動等に積極的に取り組む職員を支える仕組みの充実 (2) 職員のライフステージに応じたキャリア形成支援

コラム　人材育成に関する名言

よく知られている名言のひとつとして，山本五十六の**「やってみせ，言って聞かせて，させてみせ，ほめてやらねば，人は動かじ」**があるが，人材育成については，戦国武将も次のような言葉を残している。

「人は石垣，人は城，人は堀」

これは，「風林火山」の軍旗で有名な戦国時代きっての名武将，武田信玄の言葉である。この言葉にはいくつかの解釈があるが，「人は，石垣や城と同じくらい，戦（いくさ）の勝敗を決するのに大切だ」という意味であり，企業経営でしばしば言われる「企業は人なり」という言葉に通じるものがある。

また，豊臣秀吉の側近として仕えた黒田官兵衛は，次のような言葉を残している。

「天下に最も多きは人なり。最も少なきも人なり」

「天下は広くて人間も多くいるが，ただその中でも優秀な人材はなかなかいない」という意味である。戦国時代に，優秀な人材を希少性のあるリソースとして捉えていた点はさすがと言える。

第2節　人事評価・給与制度

1　人事評価とは

　企業は従業員の能力や成果を測定し評価するが，その目的は，情報収集とコミュニケーションにある。
　①情報収集：評価結果を分析することにより，人員配置，能力開発，報奨などのヒューマン・リソース・システムの最適化を図ることが可能になる。
　　・人員配置：評価結果は，昇進，適性に応じた配置転換，成果のふるわない従業員の解雇などの資料として活用できる。
　　・能力開発：評価結果から，従業員全体及び各人の強み・弱みを把握し，能力開発に関するニーズを特定することができる。また，能力開発の前後あるいは継続的に評価を行うことによって，能力開発の効果測定にも活用できる。
　　・報奨：評価結果は，個々の従業員の昇給を決める際の判断基準となる。また，成果に対するインセンティブの基準にも活用できる。
　②コミュニケーション：評価は従業員とのコミュニケーションにも役立つ。評価結果やその理由を，自社のミッション・バリューやビジョン，戦略などと関連付けて従業員にフィードバックすることにより，従業員の成果を組織としてどうとらえているかを示したり，期待や改善点などを伝えることができる。
　また，評価方法を設計する際には，「何を」（評価項目），「誰が」（評価者），「どのくらいの期間で」（評価期間）評価するかを考える必要がある。
　①評価項目：民間企業は一般に，「成果」「能力」「勤務態度（情意）」などの評価項目を組み合わせて用いている。「成果」は短期的評価で即効性，「能力」「勤務態度」は長期的視点で潜在性に焦点を当てているシステムといえる。評価項目を考える際に最も重要なのは，企業戦略との整合性がとれていることである。
　②評価者：「上司」による評価が一般的であるが，近年では部下や同僚によ

る評価，顧客による評価などを実施している企業もある。
③評価期間：単純に会計年度の単位である「1年」とはせず，環境変化が激しい業界や企業の場合は，もっと短い期間で設定されている。ただし，その場合，評価者と被評価者の双方に多大な労力を強いることになるので，業務の繁閑具合などを勘案し，運用上の実現可能性を考慮する必要がある。

企業がよく活用している代表的な評価手法に，MBO（Management By Objectives：目標管理）があり，これは次の手順で行われているケースが多い。

従業員はマネジャーとともに組織目標とのすり合わせを行いながら，納得と合意の下で主体的に自分の当期目標を決定する。そして，従業員は自己管理しながら目標達成を目指し，マネジャーはそのための支援と協力を行う。評価期間の終わりに，従業員は当初の目標と実際の成果について自己評価を行い，マネジャーはその妥当性をチェックし，フィードバックする。そして互いに納得できる結論を持って最終評価とする[94]。

また，ハイパフォーマー（高業績者）をひとつのモデルとして，当該職務を高い水準で達成するための職務遂行要素を具体的に把握し，それを基準として評価するコンピテンシー評価（図表4-2）も導入が進んでいる[95]。

図表4-2　コンピテンシー

　コンピテンシーは，戦略的な人材マネジメントを機能させるための核となる概念であり，組織目的の視点から個人の能力を考える場合の中心的存在である。
　従来の投資型マネジメントでは，個人の能力を考える場合，「優秀であるか否か」で判断してきた。優秀と判断されれば，その人材に終身型で投資する行動をとってきた。優秀であるか否かは，学歴や試験成績等を基本に個人的資質として判断されるだけで，組織の目的と明確に結び付けるだけでは判断できなかった。
　コンピテンシーでは，知識や情報を多く持ち個人的資質がいかに優秀であったとしても，その資質が組織の一定の目的に貢献する成果を生み出すことと結びつ

94　グロービス経営大学院［2008］「MBAマネジメントブック　改訂3版」ダイヤモンド社
95　「PHP政策研究レポート」（Vol.6 No.75）2003年9月

かなければ評価されない。すなわち，知識や情報，判断力を持っているだけでは評価されず，知識や情報，そして判断力をいかに組織の目的に結びつけ，成果を生み出すことにつなぎ合わせることができるか，個々人の能力がいかなる成果を生み出すか，「成果につながるか否か」で判断する。参加できる能力の善し悪しではなく，参加による成果を生み出すことができるか否かの問題である。参加したことと成果を生み出したこととは別である。（言い換えれば，「コンピテンシー」とは，単に知識の豊富さといった能力そのままではなく，職務や仕事の場面で期待される役割を遂行する能力，行動として顕在化させている能力である。）

いくら個人的資質が高くても成果に結びつかない場合は「ローパフォーマー」と評価され，多くの成果に結び付けることができる場合は「ハイパフォーマー」と評価される。

(出典)「PHP 政策研究レポート」(Vol.7 No.80) 2004 年 2 月。(　) 内は広島県追記

広島県では

広島県における目標管理・評価システム

職員の能力や実績，意欲を的確に把握し，職員個人の能力開発や組織としての成果に結び付ける「職員の力を引き出す人材マネジメント」を行うためには，客観的で公正な人事評価システムを整備し，適正に運営していくことが不可欠である。そのため，広島県においては，成果志向を実現する人材マネジメントを推進するためのツールのひとつとして，目標管理・評価システムを導入した。

このシステムは，以上のような考えに基づき，従来の制度を見直した勤務成績評定を基盤として，目標申告制度を活用した成果評価制度（目標申告・成果評価）や異動希望調査などを組み合わせた新たな人事評価制度として構築し，平成 23（2011）年 4 月から運用を開始している。

なお，具体的な制度設計に当たっては，外部機関の意見等を参考とした。

≪外部機関の意見等≫
○メインターゲットは目標管理制度の定着
　・半期ごとの振り返りが重要
　・短期的・個人的な目標に陥らないよう，「成果マネジメントシート」にならって「あるべき姿」「現状」「プロセス」を記載させることが適切

- ・実績評価は目標管理だけでなく，組織貢献等も考慮すべき
○勤務評定制度の見直しに当たっての留意点
  - ・無用な混乱を避け，目標管理の定着に全力を傾注するため，大きな課題のない現行勤務評定制度は必要最小限の見直しにとどめ，評定項目や評価方法は現行を踏襲すべき（少なくとも項目を増やすべきではない）
  - ・近年は「価値規範」や「行動規範」を評価対象に加えるケースが増えていることから，「3つの視座」や「行動理念」を評価基準の中に織り込むことを検討

≪具体的な制度設計≫
①実績評価～目標申告制度の活用 ⇒ 勤勉手当に反映
  - ・目標申告制度と勤務実績調査（勤勉手当に反映）を合体
  ―目標申告の上半期の総括（10月），下半期の総括（3月）に合わせて勤務実績を評価 ⇒ 勤勉手当に反映
     上半期の実績（10月に評定） → 12月期の勤勉手当に反映
     下半期の実績（3月に評定） → 翌年度6月期の勤勉手当に反映
  - ・担当している業務の「実現すべき姿」を考え，その姿と「現状・課題」とのギャップを埋めるために何をするのかということを「目標」とする
  - ・目標管理を中心にしつつ，業務における実績全般を評価
  ―目標の達成度，目標以外の実績・組織貢献，目標達成プロセスを総合的に評価
  ―プロセスは，業務遂行上の姿勢とPDCAサイクルの「C」「A」を行っているかどうかを評価

第2節 人事評価・給与制度

図表 4-3　目標申告・成果評価シートの様式

別記様式第4号
上半期用

目標申告・成果評価シート（平成〇〇年度上半期）　　評定区分 ☐

所属	職名	職員番号	氏名		当初面談日		総括面談日	
					面談者氏名		面談者氏名	

実現すべき姿		現状・課題	

【1 目標申告】

目標の設定			総括			上司意見欄	
上半期の目標	重	具体的取組内容	上半期の取組みの自己評価	達	下半期の課題	達	コメント
①	当初						
	変更						
②	当初						
	変更						
③	当初						
	変更						
（変更等）							

（注）「重」欄は、重要度の高いものから順に「1」「2」「3」と数字を記入する。なお、重要度が同じ場合には、同一順位に設定することができる。

◎総括時に記入してください。

◆自由意見（担当職務の進め方について改善工夫ができることなど）	上司所見	評定

【2 目標以外の実績・組織貢献】

◎総括時に記入してください。

業務内容	実績（何を達成したか・どんな貢献をしたか）〔自己申告〕	上司所見

【3 プロセス評定】

	評定要素	評点
評定者記載欄	業務の目的や「実現すべき姿」を念頭において適切に職務を遂行するとともに目標達成に向けて努力をしているか。	
	自己の活動内容を振り返り、うまくいった点、うまくいかなかった点について整理し、課題を把握しているか。	
	上記の振り返りを踏まえ、改善策を検討し実行しているか。	
	プロセス全体の評定	

【4 総合評定】

総合評定	特記事項

評定者　　　印

確認者　　　印

確認		人事課所見

備考　目標の数が3項目を超える場合は、【1】の目標申告欄を追加（行挿入）すること。

第4章　人材マネジメント

②勤務成績評定 ⇒ 昇給などに反映
- 昇給・人事異動に反映させるため，1月仮評定を実施（従来どおり）
- 評定区分は現行どおり
- 評価内容の一部変更
―実績評価の評価項目に「目標の達成状況」を追加，一部評価項目の集約
―着眼点の記述を評定区分ごとに変更
―総合評価に，「実績・目標管理」と「能力・態度」のそれぞれを3段階評価した結果を組み合わせる「9（ナイン）ブロック方式」を採用

図表4-4　勤務成績評定票における「ナインブロック」

判定基準		
実績等	A	期待以上の成果をあげた（上位20%以内）
	B	期待通りの成果をあげた
	C	期待した成果には届かなかった
能力等	Ⅰ	期待・要求される以上の能力が認められた（上位20%以内）
	Ⅱ	職位に照らし期待・要求された能力が認められた
	Ⅲ	職位に照らし期待・要求される能力が認められなかった

（注）平成28（2016）年4月からの勤務成績評定の見直しに合わせて，9ブロック方式から点数方式に改めている。

③人材育成機能の強化
- 自己申告の実施（自己評価は管理職のみ）
―1年間の勤務振りを自ら振り返り，上司に申告（評価（点数化）しない）
―評点要素と着眼点に関する自己申告に加え，「広島県職員の行動理念」や「3つの視座」に照らして，仕事を行う上で実践したことや心がけたことなどを記入できるように欄を追加
―上司は，申告された内容を参考に，勤務成績評定を実施
- 目標申告に係る面談の実施
―やるべきことの明確化と，上司-部下間のコミュニケーションの活性化
- 評価結果の本人開示（実績評価，勤務成績評定とも）
―評価者研修の中で育成につながる面談技法を習得（講義・演習）

④苦情相談制度の整備
- 人事課・人事委員会それぞれに窓口を設置（現行制度の対象を管理職から全職員へ拡大）

≪制度運用に係る主な年間スケジュール（概要）≫
【4月】知事・副知事と各局長により，1年間の目標設定のための面談（成果マネジメント）を実施
【4～5月】上記面談結果も踏まえ，上司と部下職員との目標設定面談を通じた部下職員による上半期の「目標申告・設定」
【期中】随時，上司によるフォロー（進捗状況の確認等）
【9～10月】総括面談（半年間を振り返っての話合い）及び育成面談（評価を部下職員に具体的に伝え，部下職員の育成につなげる）
【12月】上半期目標申告評価結果の12月期勤勉手当への反映
　　　　※下半期も上半期と同様に目標設定（下半期分の評価結果は翌年度6月期の勤勉手当に反映）
【1月】上司による勤務成績評定
【3月】育成面談において，上司から部下職員にフィードバック（評価結果の開示など）
【4月】勤務成績評定結果を踏まえた査定昇給への反映

≪目標申告・成果評価の成果と課題≫
　成果志向を実現するためには，まず，トップから一般職員まで，組織の目標をしっかりと共有し，職員それぞれがそのための自らの役割を認識することが重要である。また，目標を明確にすること，そして，その結果を上司と部下が検証しディスカッションを深めることで，部下職員の育成とモチベーションアップにもつなげることができる。
　一方，この制度を過度に評価手法として強調しすぎると，目標設定がチャレンジングなものにならなくなるという懸念もあり，バランスをうまくとることが必要である。また，特に行政の場合は，組織的な行動を求められることが多いため，組織の成果をどのように個人の評価に反映させるかが非常に難しいという面がある。
　また，評価に対する職員の納得性を高めないと，むしろ逆効果になるため，年2回（春季・夏季）の管理職に対する人事評価研修によって，職員の目標設定における面談や期中フォロー，職員とのコミュニケーションなどのスキルアップを徹底している。
　この制度は，人材育成に寄与する部分は大きいが，その一方，あくまでも期中における成果目標に対するプロセスと結果を評価するものであり，目標

設定の内容や，プロセスにおける阻害要因の有無などを含め，成果自体と個々の職員のポテンシャルを一致させることには若干無理がある。

そのため，むしろ，どのような状況においても，成果を確実に実現・再現できる人材を育成していくことが求められている。

また，目標管理・評価システムの5年間の成果として，制度的には着実に定着しており，職員を対象とした理解度調査においても，
- 上司と部下のコミュニケーションの機会が増えた
- 計画的，主体的に業務に取り組むことができた
- 業務遂行上の課題や伸ばすべき能力など，育成・成長につながる話し合いができた

などの回答が得られている。

管理職が職員にビジョンを伝え，組織の目標を明確に示すとともに，そこに至るプロセスを設定し，評価結果を開示するマネジメントを通じて，PDCAサイクルを回す取組や，職員の能力開発について，一定の効果があったものと考えている。

その一方，制度の目的や意義に対する肯定意識については，未だ高いと言える状況にはなく，管理職と一般職員とのギャップも生じているため，この制度の活用が自らの能力開発につながっていると職員が実感できるようになるまで，引き続き改善に取り組んでいかなければならない。

図表4-5　平成27年度目標管理・評価システム「職員理解度調査」における各カテゴリーの肯定回答率

区　分	理解度	意識度	実践度	期待度
全課長	87%	65%	89%	76%
全一般職員	74%	36%	80%	45%

⇒「意識度」及び「期待度」に大きなギャップ

≪課長級職員への多面評価（360度評価）の試行≫

職員の成果志向に向けた人材マネジメントを推進するには，職場運営を司る管理職，特に課長級職員のマネジメント能力が鍵を握る。課長級職員について，局長，部長などの上司からだけでなく，いわゆる「360度評価」という視点で評価の精度を高めることも重要である。

そのため，広島県では，課長級職員の職場運営の改善やマネジメント能力

の向上を図ることを目的として，管理職のマネジメントに関する評価項目を盛り込んだスタイルのアンケート調査により，部下職員から見た上司の評価を実施し，当該上司の指導・育成に活用している。

図表 4-6 「管理職のマネジメントに関する調査」質問項目
（平成 27（2015）年度の様式）

所属として達成すべき目標を設定し，その目標達成に向けて，具体的な道筋を示していますか。
また，そのように考える理由や，具体の事案があれば記載してください。
①ほとんどあてはまらない　②あまりあてはまらない　③どちらとも言えない　④ほぼそのとおりだと思う　⑤そのとおりだと思う
理由等 [　　　　　　　　　　]

課題解決や業務遂行のための方針を打ち出し，所属職員から納得感・信頼感を得ながら仕事を進めていますか。
また，そのように考える理由や，具体の事案があれば記載してください。
①ほとんどあてはまらない　②あまりあてはまらない　③どちらとも言えない　④ほぼそのとおりだと思う　⑤そのとおりだと思う
理由等 [　　　　　　　　　　]

所属職員が意欲を持って業務に当たれるように，コミュニケーション（声掛け，傾聴，雰囲気づくり）をとっていますか。
また，そのように考える理由や，具体の事案があれば記載してください。
①ほとんどあてはまらない　②あまりあてはまらない　③どちらとも言えない　④ほぼそのとおりだと思う　⑤そのとおりだと思う
理由等 [　　　　　　　　　　]

所属職員に仕事を任せるとともに，必要に応じて指導や適切なアドバイスを行っていますか。
また，そのように考える理由や，具体の事案があれば記載してください。
①ほとんどあてはまらない　②あまりあてはまらない　③どちらとも言えない　④ほぼそのとおりだと思う　⑤そのとおりだと思う
理由等 [　　　　　　　　　　]

スキルや能力等の習得・向上のために，研修受講を勧めたりアドバイスをするなど，所属職員の育成を積極的に行っていますか。
また，そのように考える理由や，具体の事案があれば記載してください。
①ほとんどあてはまらない　②あまりあてはまらない　③どちらとも言えない　④ほぼそのとおりだと思う　⑤そのとおりだと思う
理由等 [　　　　　　　　　　]

管理職として幅広い視野で考え，前例にとらわれず，組織として成果を出すため，新たなアイデアや解決策を示していますか。
また，そのように考える理由や，具体の事案があれば記載してください。
①ほとんどあてはまらない　②あまりあてはまらない　③どちらとも言えない　④ほぼそのとおりだと思う　⑤そのとおりだと思う
理由等 [　　　　　　　　　　]

時間外勤務の命令の際，業務の内容や必要性，緊急性を確認する等，時間外勤務の縮減に向けたマネジメントを行っていますか。
また，そのように考える理由や，具体の事案があれば記載してください。
①ほとんどあてはまらない　②あまりあてはまらない　③どちらとも言えない　④ほぼそのとおりだと思う　⑤そのとおりだと思う
理由等 [　　　　　　　　　　]

休暇取得の意思表示がしやすい職場環境づくりに努めていますか。
また，そのように考える理由や，具体の事案があれば記載してください。
①ほとんどあてはまらない　②あまりあてはまらない　③どちらとも言えない　④ほぼそのとおりだと思う　⑤そのとおりだと思う
理由等 [　　　　　　　　　　]

所属職員の健康状況等や育児，介護の状況を把握し，必要な配慮を行っていますか。
また，そのように考える理由や，具体の事案があれば記載してください。
①ほとんどあてはまらない　②あまりあてはまらない　③どちらとも言えない　④ほぼそのとおりだと思う　⑤そのとおりだと思う
理由等 [　　　　　　　　　　]

自らも私生活を重視し，楽しむ等，所属職員のワーク・ライフ・バランスの実現に向けた職場の雰囲気づくりを行っていますか。
また，そのように考える理由や，具体の事案があれば記載してください。
①ほとんどあてはまらない　②あまりあてはまらない　③どちらとも言えない　④ほぼそのとおりだと思う　⑤そのとおりだと思う
理由等 [　　　　　　　　　　]

あなたの所属の管理職の優れている点又は改善すべき点について記入してください。
[　　　　　　　　　　　　　　　　　　　　　　　　　　　　　　]

セクハラやパワハラ，職場風土など，あなたの職場の状況について，何か気づいたことがあれば記入してください。
[　　　　　　　　　　　　　　　　　　　　　　　　　　　　　　]

≪コンピテンシーモデルの策定≫
　目標管理・評価システム導入後，約3年間の運用を行っていく中で，職員理解度調査等からは，より具体的な職務遂行能力（コンピテンシー）による人材育成を推進していくことが，同システムの活用に有効であると考えた。
　また，職員理解度調査では，「上司と部下とのコミュニケーションが活発になった」といった意見もあり，同システムによるフィードバック（面談）を行うことに一定の成果が見出されている一方，「具体的な人材育成に繋がっていない」といった意見も多くあった。
　こうした状況を踏まえ，平成25（2013）年度に，以下のような開発プロセスを経て，「広島県職員のコンピテンシーモデル」を策定した。
①幹部インタビュー
　知事・副知事及び局長・部長級の職員に対して，広島県の職員に求められる行動や特徴，具体的な行動や成功事例の聴取調査を実施した。
②職員インタビュー
　ア　コンピテンシーモデルの構築
　　　管理職・一般職に対して，実際の業務場面で，成果につながった行動事例／スキル発揮事例に関してインタビューを実施し，上記①の調査を踏まえ，コンピテンシーの仮モデルを構築した。
　イ　コンピテンシーの整備・確定
　　　コンピテンシーの整備・確定に向けて，無作為で抽出した管理職・一般職に対して，ヒアリングを実施し，意見などを聴き，コンピテンシー仮説モデルを作成した。
③外部機関の意見
　コンピテンシーの整備に向けて，外部機関を活用し，広島県を取り巻く組織分析や組織ビジョン等との関連などを検討し，他の行政・民間で必要とされているコンピテンシーについても調査し，広島県のコンピテンシーモデルの参考とした。

図表4-7 広島県職員の「コンピテンシーモデル」の概要

	達成力/使命感	組織関係力/対人関係力	スキル/思考力
管理者層	達成指向 誠実性 組織貢献	リーダーシップ 交渉力 人材育成	概念的思考力 先見的行動
監督者層	達成指向 自信 組織感覚	リーダーシップ 説得力 人材育成	問題解決力 先見的行動
一般層	達成指向	チームワーク リーダーシップ 顧客志向 人材育成	専門性獲得 課題分析力 先見的行動

　コンピテンシーの活用を通じて，上司は職員一人ひとりの強みや開発ポイントを把握し，計画的な人材育成につなげることが期待できる。上司は，職員との面談時に，このコンピテンシーを活用し，部下職員の現在の強みや今後さらに開発しなければならない点などを共有し，今後どのような行動の開発を，どのように図るのかを十分にすり合わせる必要がある。

　よって，これまでの勤務評定項目を見直し，広島県職員として，役割ごとに求められるオリジナルな行動スペックを規定したコンピテンシー評価に基づく人事評価制度に見直し，評価と育成を一体として行い，より効果的な人材育成を図ることとした。

2　給与制度とは

　給与（報奨）はインセンティブのひとつで，従業員の企業への貢献の対価である。そのため，給与システムを設計する際には，経済合理性や評価との整合性を考慮に入れなくてはならない。また，従業員のモチベーションを高めるためには，公平で，誰もが納得できるような評価方法を用いることが不可欠である[96]。

　成果志向を目指す人材マネジメント戦略においては，給料（水準）の在り方

96　グロービス経営大学院［2008］「MBAマネジメントブック　改訂3版」ダイヤモンド社

もひとつの要素であるが、給与制度は、あくまでもインセンティブを与える仕組みの中のひとつのツールに過ぎない。

つまり、給料額自体が、成果志向に対する職員の大きなインセンティブとして働くということではなく、むしろ、ネガティブな不満を抑えるため（図表4-8）に、どうやってバランスを図るのかということの方が重要である。

職員のモチベーションにつながる要素としては他にも、昇任（給料が単純に上がるという意味ではなく）を伴う人事異動（昇任がなくても自らがコミットしたいプロジェクトへの参加も含む）やミッション完遂に対する達成感や他者からの称賛・承認、あるいは、組織目標に向けた職場の一体感など様々なものがある。

図表 4-8　フレデリック・ハーズバーグの動機付け・衛生理論

> ハーズバーグ（Frederic Herzberg）は、仕事に対する満足をもたらす要因と不満をもたらす要因が異なることを示し、前者を「動機付け要因」と言い、「達成」「承認」「昇進」などが該当する。また、後者を「衛生要因」と呼び、「給与」「対人関係」などがこれに当たるとした。動機付け要因を与えることにより、満足を高め、モチベーションを高めることができる。一方、衛生要因に対して手を打つことにより、不満は解消されるが、そのことが満足感やモチベーションを高めるとは限らない。

このため、給料表自体については、過度に成果志向に偏る必要はなく、総括的には、あくまでも納得性という視点から、職務・職責に応じた、分かりやすく、かつモチベーションを保つことができる給料体系とすることが必要である。

広島県では

広島県独自の給与制度への見直し

　以上のような点を踏まえ，公務員の給与制度については，地方公務員法上，見直しに一定の限度がある中で，これまでの国基準の給料表を見直すこととし，広島県の人材マネジメント戦略に可能な限り適合させるための独自給料表を導入することとした。

　平成28（2016）年度からの給与制度見直しのポイントとしては，
- 職制を簡素化するとともに，その職務・職責と明確に適合した給料表とすることによって，昇格へのインセンティブを高めること
- 高齢層職員のモチベーション維持のため，給与水準を一定抑制しつつも，一定年齢までの昇給機会を確保すること

が挙げられる。

　また，本庁課長級以上の職にある管理職員については，平成23（2011）年度から，能力・実績をより適切に評価しようという観点により，定期昇給を廃止している。また，今回の見直しに合わせて，成果志向の更なる浸透を目指し，職務給をより徹底させ，生活給与的な部分を一部廃止することとした。

　現在では，各等級に4つの給料月額区分（グレード）を設け，昇格時には最下位のグレード（G4）から出発し，年間の勤務成績が優秀であれば，翌年度に上位のグレードへアップする仕組みとしている。

図表4-9　管理職員の号給固定制（平成28（2016）年4月現在の給料月額）

（単位：円）

区　分	G1	G2	G3	G4
局長級	526,000	518,000	512,000	508,000
部長級	478,000	470,000	464,000	460,000
課長級	452,000	444,000	438,000	434,000

コラム　GE（ゼネラル・エレクトリック）の人材評価基準

　GEは人材の育成に力を注いでおり，年間およそ10億ドル以上を教育研修に投資していると言われている。

　多くの企業で，人材評価の最も大きな指標として「業績」が使われていると想像されるが，GEでは，人材の評価について，「グロースバリューと業績を唯一の評価基準とする」という哲学がある。「グロースバリュー」とは「GE社員としての行動規範」ともいうべきもので，平成21（2009）年に作られ，「外部志向」「明確でわかりやすい思考」「想像力と勇気」「包容力」「専門性」の5つの概念から成る。

　しかも，長期にわたって持続可能な企業としたいという思いから，グロースバリューと業績の比率を50：50としている。グロースバリューと業績の2つの軸を座標にした，いわゆる「ナインブロック」は，広島県の勤務成績評定でも参考にしたところである。

　GEではさらに，ビジネスや働き方が変化する中で，この価値観も変えなければならないということで，平成26（2014）年に生まれたのが「GEビリーフス」である。

「お客様に選ばれる存在であり続ける」
「より速く，だからシンプルに」
「試すことで学び，勝利につなげる」
「信頼して任せ，互いに高め合う」
「どんな環境でも勝ちにこだわる」

　これに伴い，平成27（2015）年からの新しい評価システムでは，失敗しても挑戦を評価できるものに更なる進化を遂げている。

（参考）安渕聖司［2013］「GE世界基準の仕事術」ほか

第3節　採用・人事異動

1　人材フローマネジメントとは

　第3章で述べた「組織マネジメント」が，どのように意思決定し組織を動かしていくかという問題を扱うのに対し，人材フローマネジメントのほうは，マネジメントされた組織を日々動かして，企業ビジョンや事業ビジョンを実現するのに必要な人材を，どのように採用，育成，評価，処遇，異動，配置，退出させるかなどを扱うマネジメントである。

　すなわち，組織が外部労働市場から資源を確保（入口管理）し，組織内で活用した後に，外部労働市場に再び戻す（退職・定年管理）プロセスであり，まさに人的資源の外部市場との接点に対するマネジメントである[97]。

　これは，人材が企業組織の中でのいくつものポストを経験し，移動（異動）していくプロセスが，あたかも人材の流れが企業の中にできているように見えるため，人材フロー（図表4-10）と呼ばれる。人材フローのマネジメントは，人材マネジメントの中核的な位置を占める[98]。

　人材フローの中で，近年，特に重要性を高めているのが退職・定年管理である。退職金支払いなどの財務面においても，退職管理は重要な位置付けとなっている。また，大企業や行政機関にとって退職後の人材マネジメントが人事フロー全体にも影響を与えている[99]。

---

[97]　「PHP政策研究レポート」（Vol.6 No.75）2003年9月
[98]　守島基博［2004］「人材マネジメント入門」日経文庫
[99]　「PHP政策研究レポート」（Vol.6 No.75）2003年9月

図表 4-10　人材フローのイメージ図

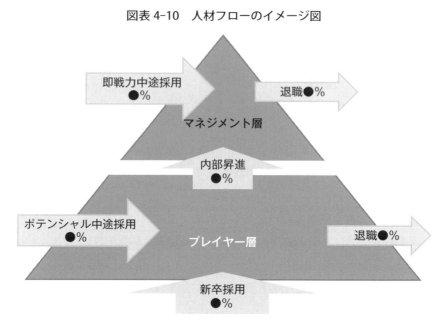

（出典）曽和利光（2013）「「採用」で組織を変える！」月刊人事マネジメント　人材研究所

2　人員配置とは

　人員配置とは，企業の戦略を遂行するために必要な人員構成を実現することである。具体的には，求められる人員構成と現状との間の①不足分を埋めること（調達）と，②余剰分を解消すること（代謝）に分けられる。①の方法として，人材を組織の外部から調達する採用（外部調達）と，内部から調達する異動・昇進（内部調達）が挙げられる。②の方法には，解雇や希望退職などがある。外部調達や内部調達，代謝のそれぞれのメリットとデメリットを理解した上で，戦略を遂行するために最適な人員構成を実現する必要がある。その際には，短期的視点だけではなく，中長期的な視点も持つことを忘れてはならない。

　また，人材配置にはマネジメントから組織全体へのメッセージという側面もある。例えば，組織内で評価の高い人材を特定部門に重点的に配置した場合，「その部門が戦略上，重視されている」というメッセージになる。その結果，

その部門のメンバーのモチベーションは高まることになる[100]。

3　採用とは

　採用とは人材を組織の外部から調達する方法であるが、採用とその他の人材マネジメント領域との最も大きな違いは、採用だけが「まだ見ぬ人材」に対する未来志向の活動であるということである。

　人材マネジメントの重要な要素である「採用」に十分にパワーを割いて、より適切に実行し、採用後の後工程で人や組織の課題が生じないように予防することで、人材マネジメント全体のパワー負荷を下げたり、更に効率的・効果的な人材マネジメントを行ったりできるようになる[101]。

　例えば、リーダーシップは対人能力や対課題能力などの基礎力が基になるものであり、そのような基礎力は、初等教育の段階から高等教育の段階までに徐々に積み上がっている。後天的にも伸びるスキルではあるが、すでに高いリーダーシップを持っている人材を採用するのと、一から育成を始めるのとでは、大きな違いがある[102]。また、個人レベルから組織レベルへと首尾一貫した価値観に共感すること、勿論、経済的なインセンティブを前提としながらも職務に対するモチベーションを持ち続けていける人材を採用することが何よりも重要である[103]。

　すなわち、優秀な人材を採用することは、人材マネジメントの大きな第一歩である。

100　「PHP政策研究レポート」(Vol.6 No.75) 2003年9月
101　曽和利光（2013）「「採用」で組織を変える！」月刊人事マネジメント 人材研究所
102　大久保幸夫（2014）「会社を強くする人材育成戦略」日経文庫
103　第1章第1節3　価値アラインメントシステム

広島県では

広島県における採用・人事異動

　人材マネジメント戦略を展開する上で，人材の獲得は非常に重要な要素である。特に地方自治体においては，基本的に終身雇用的な要素が強く，長期的なコミットメントが前提となっているため，次の2点がポイントであると考えている。
　【視点1】バリューに共感できる人材をどう採用するか
　【視点2】多様性をどう確保するか
　まず，視点1については，人物重視の採用試験制度となるよう，近年，面接試験の複数回実施の導入などの見直しを進めてきているところであるが，今後も，採用面接の見直しなどによって，さらに精度を高めるよう検討する必要がある。
　また，視点2についてのアプローチの一つとして，まず短期的には，外部人材を獲得し，スキルを有する職員の育成を図る必要がある。
　なお，その分野としては，広報，情報，経済分析（マクロではなく，政策形成におけるエビデンス確保）などが挙げられる。
　また，広島県では，当初は年齢構成の歪みの是正を目的として，現在では，即戦力人材の確保，多様な幅広い経験を有する人材の採用による組織の活性化などを図るために，平成22（2010）年度の採用試験から，社会人経験者等の採用を実施している。特に，民間企業等での勤務で培ったスキルや経験をどのようにして行政に生かすかという視点で人材を獲得し，そのスキルなどを生かすことができる職場に配置している。

図表4-11　試験区分「社会人経験者等」による採用者数の推移

22年度試験	23年度試験	24年度試験	25年度試験	26年度試験	27年度試験
18人	18人	11人	15人	10人	21人

　加えて，平成27（2015）年度からは，特に公務員試験に合格するための勉強を行ってこなかった人材，言い換えれば，公務員志向ではなかった人材にも門戸を広げることで，より多様で有為な人材を確保するため，行政（一般事務）分野の試験区分を新たに創設した。
　また，人事異動・任用に当たっては，「適材」「適所」という基本原則に，

新たに「適時」という観点を加え，特に，管理職員については，今，どうしても必要な人材であれば，これまでの慣例にとらわれず配置することとした。

さらに，これまで，漫然と3年程度のスパンで人事異動を行ってきたものを，職員のモチベーションにも配慮しつつ，専門性の向上を図る観点から，原則として5年以上のスパンに切り替えることとした。こうした異動スパンの長期化について，一つの所属での在職期間を単純に延長するという方法だけではなく，一定の専門性が必要となるスキルをカテゴリー別に整理し，同一カテゴリー内の類似した業務がある所属間を異動し，様々な経験を積むことで，スキル自体の汎用性を高め，幅広い対応力を磨くことによって，専門性の高度化を図ることとした。

図表4-12　同一カテゴリーの例

商工労働局観光課・海外ビジネス課，土木局空港振興課
⇒プロモーション・セールス（県内外の人々にアピールし，人を呼び込む）が重要という点で共通
総務局広報課，商工労働局ひろしまブランド推進課・観光課，農林水産局販売・連携推進課
⇒ブランド・マーケティング（ブランドの持つ力を最大限引き出すことを主眼に置いたマーケティング）

このような異動スパンの長期化については，専門性の向上という観点に加え，成果志向の観点から，ミッションとの整合性を図るという意味もある。これまでのスパンによる異動（明確に決まっていたわけではないが，慣例的には，概ね3年程度でミッションとは無関係に異動）では，困難事案を抱えてしまえばしまうほど，課題を先送りする傾向がどうしても強くなり，また，県民や企業など外部との接触が多い職場では，慣れた担当者が頻繁に変わることによるデメリットもあった。

このため，成果志向を目指した人事配置という観点から，ミッションの責任者においては，基本的に一定の成果が出るまでは異動を行わず，配置を固定させている。一方，これまで職員は，一定のスパン（3年で一区切り）で異動することにより，人間関係が新しくなるというストレスがある中でも，新たな業務を経験することによるモチベーションの向上があったことも事実である。

このため，異動の長期化に伴う職員のモチベーション維持の観点から，ミッ

ション達成に向けた的確なプロセス評価やミッションを継続する上位ポストへの異動を行うとともに，将来的なキャリア形成に向けた支援を検討するなど，インセンティブを高める工夫を続けているところである。

また，それぞれのミッションの責任者については，そのミッションを達成するために必要なコンピテンシーとスキルをまず具体的に明らかにした上で，候補対象者となる職員に関するこれまでのコンピテンシー評価や部下職員からの評価結果等を含めた総合的な評価を行うことによって，「適材適所」という言葉が持つ曖昧な部分を，できるだけ少なくするよう取り組んでいる。

つまり，人材プールから必要な人材を抽出する際に，これまで，その時々の人事担当者の主観的な評価（一方で，実際の人事配置に，どうしても主観的な側面があることも事実）に依存していた部分を可能な限り排除し，継続性（人事担当者が変わっても過去の評価データが蓄積）や客観性を持たせようとするものである。

今後，評価の精度をさらに高めるとともに，こうしたデータを蓄積することによって，様々なミッションに即時に対応できる一定規模の人材のストックを進めていく必要がある。

また，多様性の観点からは，採用のみならず，これまで十分に活用してきたとは言えない女性人材の活躍促進について，重要なテーマとして推進している。これは広島県固有の課題ではないが，今後さらに推し進めるためには，

　①女性職員の意識改革
　②若年からの能力の見極めと育成
　③ワークライフバランスの推進や時間外勤務の縮減など，働きやすい職場環境づくり

という3点が非常に大きな要素である。

育児・介護などによって，女性職員が一旦現場から離れざるを得ない状況を経て復帰した場合には，長期的なキャリアパスも意識しながら，人材育成を図るための積極的な人事配置を行う中で，勤務場所や勤務時間もより柔軟に運用できるよう取り組んでいる。

このたび，いわゆる「女性活躍推進法」に基づく広島県庁の行動計画を定める中で，「女性管理職（課長級以上）比率を平成32（2020）年度には13.0％に引き上げる」ことを目標として設定した。

平成28（2016）年4月現在で，知事部局等における課長級以上の管理職に占める女性職員の割合は，わずか5％程度（14人）であり，決して高いと

は言えない。下の図表からもわかるように，50歳以上の女性職員割合は10％台前半であるが，40歳台以下は5歳バンドで見ても3割程度を女性職員が占めている。こうした点も踏まえ，将来の女性幹部候補となる職員を若いうちから意識して育成するような取組を始め，ようやく少しずつ，ポスト配置の女性職員数が増えてきたところである。今後も，任用の基本方針として，男女を問わず意欲ある有能な人材を積極的に登用するよう努めることとしている。

図表4-13　ポスト（主査級以上）配置の女性職員数の推移【知事部局等】

平成26(2014)年4月	平成27(2015)年4月	平成28(2016)年4月
242人	256人	271人

図表4-14　女性職員の年齢別分布【知事部局等】平成27（2015）年4月現在

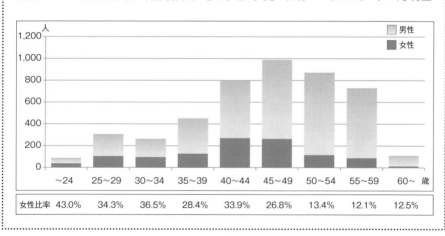

コラム　「適材適所」とは？

　「適材適所」という四字熟語は，「その人の能力・性質に当てはまる役割や地位，任務を与えること」という意味であるが，その語源は，家屋や寺社など建築での木材の使い分けから来ていると言われている。つまり「適材適所」の「材」とは木材を意味する。

　建築の世界では，昔から様々な木の性質を考えて，合理的に木材を使い分けてきた。

　例えば，土台には腐りにくく耐久性の高いヒノキや栗を，柱には木目が美しい杉を，屋根や2階部分などの重さを支える梁には強靱な松を—というように使い分けていた。

　なお，「適材適所」は英語では「the right man in the right place」（ふさわしい人をふさわしい場所に）で，よりストレートで分かりやすい表現になる。

　ちなみに，適材適所を実現するには，次の3点が必要と言われている。

① 「適材適所」におけるそれぞれの「所」（部署，役割，ポジション）に必要なスキル，知識，経験などを明確にする。
② 「材」（人材）を見極めるための人事評価制度を整備し，正しく運用させる。
③ 「部分最適」ではなく「全体最適」の異動，ジョブローテーションを行える「強い人事部門」である。

第4節　人材育成

1　能力開発とキャリア開発

　能力開発の目的は，企業の戦略を遂行するために必要な人員構成を実現することにある。短期的には現在のポジションで，中長期的には将来就く可能性があるポジションで，それぞれ求められる能力要件を満たすために能力開発が行われる。

　能力開発は「コスト」ではなく，企業の競争優位の源泉となる知識を生み出す人に対する「戦略的な投資」ととらえることが重要である。こうした視点を持ち，持続的に好調な業績を上げている企業には，次のような特徴が見られる。

① 経営者自身が自分のミッションとして能力開発に積極的に関与している。

② 持続的な能力開発の仕組みをつくり上げることを意識し，短期から中長期にかけての動態的な計画に基づいて育成を進めている。

③ 変化に追従するための最新知識を得ることではなく，変化そのものの意味合いをとらえ，進むべき方向を自ら考える自律的な思考力（ストック）を開発することに投資している。

　「人や組織が学習する能力」によって企業の競争力が左右される今日，これらの特徴は全ての企業が留意すべき点と言える。

　企業が行う能力開発には，業務を行いながら業務知識や仕事のやり方を身に着けていくOJT（On-the-Job Training）と，業務時間外に業務知識などを学ぶOFF-JT（Off-the-Job Training）がある。これまで多くの日本企業ではOJTが能力開発の中心であったが，経験則が必ずしも通用しなくなってきている状況下では，OFF-JTを有効に活用していく必要がある[104]。

　また，人材育成の施策の中で大きな比重を占めるものに，ジョブローテーションが挙げられる。なお，ジョブローテーションの目的は，人材育成のほかにも，必要な人員を必要な部署に適性を見ながら再配置すること，新しい戦力

104　グロービス経営大学院［2008］「MBAマネジメントブック　改訂3版」ダイヤモンド社

の加入による組織の活性化，知識の社内移転などがある。人材育成に係るジョブローテーションの効果としては，
① 知的熟練の加速
② 仕事の俯瞰的理解・客観化
③ リーダーシップの開発
④ 社内ネットワークの開拓
⑤ 学習の促進
⑥ 適応力の向上
などが挙げられている[105]。

　また，キャリアとは，人員配置によって形成される業務経験のつながりである。企業が従業員のキャリア開発を行う目的は，従業員の能力を高めることで，組織の成果を最大化することである。具体的には，企業の求める人材像に合わせて，生産や営業など異なる領域をいくつか経験させたり，人事など特定領域でより難易度の高い業務を与えたりして，従業員に様々な業務経験を積ませる。キャリアを積み重ねていく過程で，従業員は組織の成果につながる幅と深さのある知識を習得する。加えて，部局横断的な知識の交換や従業員間の相互作用が起こったりする。その結果，新しい付加価値が生まれたり，組織文化への理解が深まったりする。

　従業員は，自分のキャリアについて，自ら考えていくことも必要である。自分に「エンプロイアビリティー」（雇用されうるだけの能力）があるかを常に問い続け，戦略的にキャリア・デザインを考えなくてはならない。企業としては，個人のキャリア・デザインに関して最低限必要な情報や機会を従業員に提供することが求められる[106]。

　なお，日本企業の中には根強い「ゼネラリスト志向」がある。これは終身雇用と密接に結び付いているが，様々な職務を企業の状況に合わせて担当してもらうために，初めから特定の職務に特化せずに，何でもほどほどにできる人をつくろうとしたものである。

105　大久保幸夫［2014］「会社を強くする人材育成戦略」日経文庫
106　グロービス経営大学院［2008］「MBA マネジメントブック　改訂 3 版」ダイヤモンド社

しかし，高度経済成長期であればともかく，現在において，このような考え方に基づいてつくられたゼネラリストでは，厳しい競争を戦うことはできない。あらゆる分野で技術レベルが高くなり，顧客が求めるサービスの質も格段に上がったため，一人ひとりが相当の専門性を持っている企業集団でなければ，市場で評価されて生き残ることが困難になっている。本来のゼネラリストとは，特定の専門性を持っている人が，それを超えて幅広い分野に対応できる知見を身に着けたときに到達する高度な水準であり，何の専門性もない人を指すものではない[107]。

広島県では

広島県における人材育成
① OJT
OJT は能力開発を図る上で極めて有効であることから，これまで，若年職員に対し，様々な部署を経験させる人事異動システムや，国，他の地方公共団体，市町，その他民間企業への派遣制度などを通じた人材育成を行ってきた。

一方で，県としての人材ポートフォリオに基づいた一貫性のある育成戦略が明確ではなかったことから，こうした仕組みや制度を，個々の職員の継続的な育成プロセスや，中長期的なキャリアパスの構築に有効活用できていなかったという反省点もある。

例えば，派遣に際して必ずしもそのミッションが明確ではなかったケースや，逆に，派遣の目的は明確であったにも関わらず復帰後の人事配置に派遣目的との整合性がないケースが生じるなど，仕組みや制度の活用が不十分であった。

また，専門性が重要ということは認識しつつも，人材ポートフォリオという視点や育成すべきコンピテンシーが曖昧であったことから，どうしてもいわゆる「ゼネラリスト志向」に陥りがちであったことは否めない。

このため，属性が近く，ある程度優秀な職員を育成することには，功を奏してきた面もあるが，一定の分野において高度な専門性を有する人材や突出

107　大久保幸夫［2014］「会社を強くする人材育成戦略」日経文庫

したリーダーシップを発揮する人材など，多様性のある人材が育成できたとは言いがたい。

また，実際の各職場における育成プロセスにおいても，管理監督者が，部下職員の現在の強み・弱みを意識しながら，キャリアパスを前提として，中長期的な視点でどのような職員に育成すべきかという認識や，統一的な評価・育成システムなどが浸透していなかったことから，結局，職場における個々の上司の育成能力や裁量に委ねざるを得ない状況であった。

こうした反省点を踏まえ，現行の仕組みや制度の実効性をより高めるため，運用する過程において，人事当局のコミットメントをより一層高め，常にチェックをしながら，その後の個々の職員の育成プロセスとの継続性や整合性を図るようにしている。

また，前述のとおり，人材ポートフォリオを意識した，一貫した人材育成を行う中で，新たに，県として育成が必要な専門的スキルを明確にした上で，人事異動スパンの長期化や類似カテゴリーの職場間の異動などによって，能力開発を行うこととしている。

さらに，育成プロセスの実行主体となる各現場においても，職務段階に応じて求められるコンピテンシーや個々の職場で最低限必要とされるスキルを明らかにすることによって，管理監督者の部下職員に対する能力開発について一定の統一感を持たせ，職員がどの職場に配置されてもできる限り同程度のキャリアアップが可能となるよう取り組んでいるところである。

② OFF-JT

これまで，一定の人材育成方針の下に，広島県自治総合研修センター（以下「研修センター」という。）において課程研修と特別研修を実施する中で，適宜コンテンツの見直しを図ってきたところである。

具体的には，平成 26（2014）年度には，「広島県職員の行動理念」を実践し，職員のコンピテンシーやマネジメントの知識・スキルを備えた人材の育成に資する研修内容となるよう，各階層に「行動理念」「経営学」「目標管理」の科目を新設（一部は前年度以前から継続実施）するなど，研修体系の見直しを行っている。

　［行動理念］　行動理念の理解・実践を促進し，職員の意識改革と新しい組織文化の醸成につなげる。
　［経 営 学］　組織として一貫性をもった質の高い行政運営に資するため，経営戦略の本質を理解するとともに，プロジェクトを企画し，

実現に導く力の強化を中心にスキルアップを図る。
［目標管理］　目標管理・評価システムに沿って職員の能力を引き出し，組織運営の向上に反映する。

　また，「リーダーシップ」を全ての階層で必要とされるコンピテンシーと位置付けたことを踏まえ，平成27（2015）年度からは，幅広い階層の課程研修において，「リーダーシップ」の科目を新設している。加えて，女性リーダーの早期・計画的な育成方策の一つとして，リーダーに期待される役割を学び，必要なスキルを習得することを目的とした「女性リーダー・キャリアサポート」研修を新設するなど，環境変化を的確にとらえ，不断の見直し，改善を進めているところである。

　また，研修センターにおける研修以外にも，マネジメントの基礎的な考え方（マーケティング，プロジェクト・マネジメント，営業管理，財務マネジメント）や異業種など行政以外の分野に係る幅広い視野を習得させるため，各階層の職員に対して，各種研修を実施し，又は外部機関が実施する研修に参加させている。

> **コラム　NECグループにおける人材開発**
>
> 　NECグループでは，ビジネスの最大の経営資源は「人」とし，セルフディベロップメント（自らの意思で自らの能力開発を図るという考え方）を基本に，「事業遂行力の強化」「プロフェッショナル人材の育成」「マネジメント人材の育成」の3つを柱として，様々な人材開発施策が展開されている。このうち，特徴的な取組を3つ紹介する。
> ① 節目でのワークライフバランス研修
> 　30歳，40歳，50歳の研修において，自己のキャリアを見つめ直し，能力開発目標を設定。例えば30歳研修では，これまでの自己を振り返った上で，長期的な視点で目指すキャリアやそのための行動を検討。
> ② キャリアアドバイス
> 　平成14（2002）年から実施されている，個々人が自らのキャリアを自律的に考えるためのサポートの仕組み。複数名のキャリアアドバイザーを配置し，専門的な立場から，従業員個人への自律的なキャリアプラン確立のサポート，価値観・適性の客観的判断，仕事と家庭の両立など，キャリア形成に関するアドバイスを実施。
> ③ 社内「人材公募制度」
> 　従業員一人ひとりの主体的なキャリア形成を支援するとともに，組織に多様な人材を配置し，組織の活性化を促すことが目的。この制度は，募集部門が募集業務の内容や必要な条件を社内のイントラネットで公開し，従業員が上司の意向に関係なく，それぞれのキャリア観に基づいて希望する業務に応募することができる仕組み。
>
> （参考）NECグループ　ホームページ

第5章
財務マネジメント

第1節　地方自治体の財政運営
第2節　新たな財務マネジメントの視点

> **Point**
> ▶地方自治体では，予算が重視されがちであるが，本来，求められるべきものは成果，結果である。常に成果を意識した財務マネジメント，「予算志向から成果志向への転換」がいま，求められている。
> ▶従来の現金主義会計に基づく財務書類に加え，発生主義会計に基づく財務書類の作成，公表を多くの地方自治体が行っている。こうした財務書類の作成，公表にとどまらず，アカウンティングやファイナンスなど，民間企業における様々な発想，考え方，手法を取り入れながら，最少の経費で最大の効果を発揮するための新たな財務マネジメントを地方自治体も取り入れていくことが必要である。

第1節　地方自治体の財政運営

1　地方自治体の予算

(1)　予算の原則

　地方自治体の予算は，総計予算主義の原則，予算単一主義の原則，会計年度独立の原則の3つの原則がとられている。

　すべての収入と支出は，漏れなく歳入歳出予算に編入されなければならないというのが，総計予算主義の原則で，ネット（純計）ではなく，グロス（総計）で管理することとされている。

　地方自治体のすべての収入と支出を単一の予算に計上して，ひとつの会計のもとに経理することを予算単一主義の原則という。この例外が特別会計と補正予算である。特別会計は特定の歳入により特定の事業を行うもので，一般の歳入歳出と区分して経理する必要がある場合に条例により設置する会計のことである。病院事業特別会計や港湾整備事業特別会計などが各地方自治体で設置されている。補正予算は，会計年度開始後に追加や変更を加えるために編成される予算のことである。

　経費の支出は同一の会計年度内に執行され，その年度の歳入により賄うべ

きことを会計年度独立の原則という。この例外として，**継続費**，**繰越明許費**がある。また，決算時に剰余金が生じた場合には，その剰余金の繰越がなされ，万一，歳入が歳出に不足する場合には，翌年度の歳入を繰り上げて充用することができるとされている。

(2) 予算編成の手続き

地方自治体の予算編成権は，知事や市町村長など首長にある。教育委員会，公安委員会，選挙管理委員会などの行政委員会の所管に係る予算も首長が行う。ただし，地方公営企業の予算に関しては，企業管理者が予算の原案を作成し，これに基づいて首長が調製することとされている。

首長は予算を作成し，年度開始前に議会の議決を経なければならない。当初予算の場合であれば，都道府県及び政令指定都市においては30日前，その他の市町村においては20日前までに予算を議会に提出しなければならないとされている。

予算の編成作業は一般的に次のように行われる。まず，首長が予算編成方針を決定し，各部局はこの方針に基づいて財政担当課へ予算要求を行う。財政担当課はこの予算要求について，各部局の担当から説明を受けながら査定案を作成し，最終的には首長が決定する。こうして，秋から冬にかけて行う長期間の作業によって，取りまとめた予算書を議会へ提出するのである。

歳入予算は，収入の予定の見積もりに過ぎない。しかし，歳出予算は支出の予定の見積もりであるとともに，議決により，首長に対し，予算の範囲内で支出する権限を与える一方で，支出の限度を定めるものでもある。こうした意味で地方自治体の予算は，各年度における政策そのものであり，地方自治体の行政計画とみなされ，一般的に民間企業の予算よりも重要視される傾向にある。

(3) 予算の編成手法

㋐ シーリング方式

最もポピュラーな予算編成の方式で，法令に基づく義務的経費や，公共事

業等の裁量的経費など，歳出の性格ごとに予算要求の上限額をあらかじめ定める方式である。国においては昭和57（1982）年度当初予算から採用されているが，地方自治体においてもその前後から取り入れられている。もともとは予算要求の対前年度増加額を一定以下に抑える手法であったが，財政状況が厳しくなってからは，歳出カットを前提としたマイナスシーリング方式がとられることが多い。

このシーリング方式は，①すべての部局が一定の基準で経費を削減するため，痛みの公正さが担保できること，②部局自らが無駄と考える経費を削減するため，部局の自主性が高まることなど，予算編成の事務作業を行う上でのメリットがある。

一方で，①事業の継続性を重視するあまり，既存事業の予算がチーズのスライスをするかのように少しずつ削減され，結果として，本来求められている施策としての有効性が損なわれる懸念があること，②社会経済情勢の変化にもかかわらず部局の予算のシェアが固定化しやすいことなど，弊害も目立っている。

広島県では昭和58（1983）年度当初予算からマイナスシーリングを続けてきたが，平成28（2016）年度当初予算編成において34年ぶりにこのマイナスシーリングを撤廃し，「事業の優先順位付けを行った上で，優先順位の低い事業については，原則休廃止する新たな仕組み」を導入した。

(イ)　その他の予算編成手法

シーリング方式の対極に，すべての予算について，予算の上限や聖域を設けることなく経費を根本から見直す「ゼロベース予算」がある。くまなく経費の見直しを行うことができるというメリットがある一方で，作業が膨大になり過ぎるという課題もある。このほか部分的な予算編成の方式であるが，重要な施策について特別な予算計上枠を設ける「重点予算特別枠」方式や，この特別枠には上限を設けない「青天井方式」などの編成方式がある。これらについては，プライオリティの高い施策への企画立案が促進される一方，重点施策とは直接関係のない便乗要求や，積算の甘い過大要求など，モラル

ハザードが生まれやすいという課題がある。

図表 5-1　政策立案と資源管理の分離

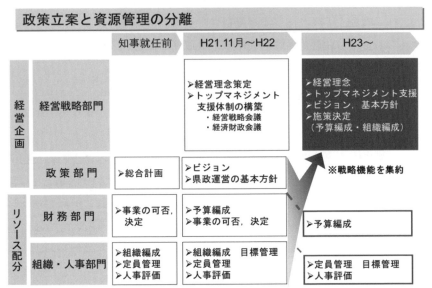

　さらに、政策立案と資源管理機能を根本から見直してみることも必要かもしれない。広島県では、従前、企画局と総務局が、それぞれの機能を担っていたが、企画局は絵を描いて終わり、実際の事業の査定や人員の配置は総務局が行っていた。財政状況や人員が十分の時代はこれで機能は回転していたが、財政状況が厳しさを増し、人員削減つまり行政改革の時代に入ると、資金と人員の資源配分に制限がかかることから、どうしても発想や思考が制限されてしまう傾向が顕著になってきた。このため、戦略策定と資源配分を同一の総務局で行いながらも、同格の総務局長と経営戦略審議官が、相互にチェック・アンド・バランスをとれる体制に改めた（図表 5-1）上で、予算編成を行っている。

2　決算

　決算は、歳入歳出予算の実績を表すもので、会計管理者が作成し、首長に提出する。決算の作成は出納閉鎖（5月31日）後、3か月以内に行われなけれ

ばならない。また，これらは監査委員の審査に付した上で，議会の認定に付さなければならない。決算は確定した収入と支出の結果を表すもので，予算に対応したものといえる。しかし，民間企業と異なり，地方自治体は予算を中心に運営されており，予算に比べると軽視される傾向にある。なお，決算が不認定となった場合でも，首長の政治的あるいは道義的責任の問題は別として，決算の法的効力に影響はないとされている。

　民間企業では当期にどれだけの利益をあげたのか，決算にスポットライトが当たるが，国や地方自治体では予算に注目が集まる。予算が単なる計画ではなく，国や地方政府の政策，意志決定そのものだからであろう。また，地方自治体では，基本的に決算の赤字が続いて，破たんしてしまうということが想定しにくいからかもしれない。国や地方自治体においては，予算の記者発表の場が1年のクライマックスという気がしないでもない。このため，予算で華々しく新たな政策を打ち上げたが，成果はどうなっているのだろうということが少なくない。翌年度の予算編成になって慌ててデータを取りまとめたり，成果の検証を始めたりということも多々見受けられる。広島県では，こうした悪弊を打破するため，「予算志向から成果志向への転換」をスローガンに意識改革を進めている。例えば，予算編成の際には，原則，数値目標を掲げる。その成果が本当に上げられるのかどうか，予算計上する前の検証にいたずらに時間を費やすのではなく，実際にやってみた結果の検証に時間をかける。予算はコストだから少ない方がよい。鮮やかそうに見える企画立案と巧みな折衝をして，たくさん予算を確保した職員が評価されるのではなく，少ないコスト（予算）で成果を上げる職員が評価される，そういう組織文化を根付かせることが重要である。

3　新たな公会計制度

　地方自治体の財務会計制度に，民間企業と同じような発生主義会計の導入を行う動きが進んでいる。地方自治法などに基づいて作成している地方自治体の予算・決算は現金主義会計に基づいているが，発生主義会計の考え方に基づいた財務書類の作成が国（総務省）から促され，多くの地方自治体でその作成，

公表が行われている。

地方自治体は，地方債の借入が原則，建設債に限られるなど，借入に大きな制限がかけられている。つまり，「資金不足を借入で逃げることは禁止されている」[108]ため，もともと資金不足になることはあっても，負債が資産を上回る債務超過の状態にはなりにくいという傾向がある。しかし，これまでの現金主義会計に加え，発生主義会計に基づき財務状態をチェックすることは財務情報の透明性を確保することや別の角度から財務状況をチェックする観点などから，意義のあることである。現在，総務省基準モデル，総務省改訂モデル，自治体独自の基準など様々な方式で作成，公表されているが，平成29（2017）年度までには統一基準モデルで作成，公表するよう国（総務省）から要請されている（図表5-2）。これが進めば，他団体との比較が可能となり，より一層，財務分析などへの活用が図られていくものと考えられる。

図表 5-2　統一基準モデルで作成・公表する財務書類

財務書類	対象となる会計
バランスシート，行政コスト計算書，純資産変動計算書，キャッシュフロー計算書	普通会計，公営企業会計
連結バランスシート，連結行政コスト計算書，連結純資産変動計算書，連結キャッシュフロー計算書	普通会計，公営企業会計，地方三公社，地方独立行政法人，第3セクター等

108　小西砂千夫［2014］「公会計改革と自治体財政健全化法を読み解く」日本加除出版

第5章 財務マネジメント

【広島県のバランスシート（総務省基準モデル）】

貸借対照表（普通会計ベース）
（平成27年3月31日現在）

(単位：千円)

借　方				貸　方			
[資産の部]				[負債の部]			
1　金融資産				1　流動負債			
(1) 資金			22,306,979	(1) 未払金及び未払費用		31,902,291	
(2) 金融資産（資金を除く）			568,547,022	(2) 前受金及び前受収益		0	
①債権		86,773,348		(3) 引当金		14,966,270	
税等未収金		7,153,097		①賞与引当金	14,966,270		
未収金		3,449,578		(4) 預り金（保管金等）		8,092,371	
貸付金		61,849,929		(5) 公債（短期）		222,907,599	
その他の債権		15,294,249		(6) 短期借入金		0	
（控除）貸倒引当金		△973,505		(7) その他の流動負債		0	
②有価証券		6,478,007		流動負債合計			277,868,531
③投資等		475,295,667					
出資金		160,348,270		2　非流動負債			
基金・積立金				(1) 公債		2,119,742,420	
財政調整基金	17,897,687			(2) 借入金		0	
減債基金	228,722,270			(3) 責任準備金		0	
その他の基金・積立金	63,706,520			(4) 引当金		303,265,621	
基金・積立金合計		310,326,476		①退職給付引当金	301,878,722		
その他の投資		4,620,920		②損失補償引当金	1,386,899		
金融資産合計			590,854,000	③その他の引当金	0		
				(5) その他の非流動負債		5,545,882	
2　非金融資産				非流動負債合計			2,428,553,923
(1) 事業用資産			952,116,340				
①有形固定資産		952,116,340		負　債　合　計			2,706,422,454
土地		696,267,135					
立竹木		4,313,245		[純資産の部]			
建物		221,488,275		1　財　源			△241,783,263
工作物		1,217,436					
機械器具		1,427,579		2　資産形成充当財源（調達源泉別）			
物品		20,353,687		(1) 税収		0	
船舶		298,048		(2) 社会保険料		0	
航空機		2,336,927		(3) 移転収入		0	
その他の有形固定資産		491,225		(4) 公債等		0	
建設仮勘定		3,922,784		(5) その他の財源の調達		226,569,116	
②無形固定資産			0	(6) 評価・換算差額等		△11,845,352	
地上権		0		資産形成充当財源合計			214,723,764
著作権・特許権		0					
ソフトウェア		0		3　その他の純資産			
電話加入権		0		(1) 開始時未分類残高		687,448,900	
その他の無形固定資産		0		(2) その他純資産		308,338	
③棚卸資産			0	その他の純資産合計			687,757,238
(2) インフラ資産			1,824,149,853				
①公共用財産用地		392,656,724		純　資　産　合　計			660,697,740
②公共用財産施設		1,427,216,798					
③その他の公共用財産		0					
④公共用財産建設仮勘定		4,276,332					
(3) 繰延資産			0				
非金融資産合計			2,776,266,193				
資　産　合　計			3,367,120,193	負債・純資産合計			3,367,120,193

※　端数処理の関係で、合計が合わない場合がある。

第1節　地方自治体の財政運営

【広島県の行政コスト計算書（総務省基準モデル）】

行政コスト計算書（普通会計ベース）
自　平成26年4月　1日
至　平成27年3月31日

勘　定　科　目	金額（千円）	構成比（%）
［経常費用］		
1　経常業務費用	521,922,339	65.0%
①　人件費	294,526,559	36.7%
議員歳費	678,672	0.1%
職員給料	224,776,866	28.0%
賞与引当金繰入	14,966,270	1.9%
退職給付費用	433,397	0.1%
その他の人件費	53,671,354	6.7%
②　物件費	46,889,562	5.8%
消耗品費	8,531,525	1.1%
維持補修費	23,092,953	2.9%
減価償却費	12,223,754	1.5%
その他の物件費	3,041,330	0.4%
③　経費	62,278,909	7.8%
業務費	1,870,508	0.2%
委託費	29,751,622	3.7%
貸倒引当金繰入	853,384	0.1%
その他の経費	29,803,395	3.7%
④　業務関連費用	118,227,308	14.7%
公債費（利払分）	31,470,081	3.9%
借入金支払利息	0	0.0%
資産売却損	3,705	0.0%
その他の業務関連費用	86,753,523	10.8%
2　移転支出	280,876,856	35.0%
①　他会計への移転支出	1,791,388	0.2%
②　補助金等移転支出	255,855,948	31.9%
③　社会保障関係費等移転支出	21,183,182	2.6%
④　その他の移転支出	2,046,338	0.3%
経常費用合計（総行政コスト）　　A	802,799,195	100.0%
［経常収益］		
1　経常業務収益	36,259,421	100.0%
①　業務収益	21,077,805	58.1%
自己収入	20,766,741	57.3%
その他の業務収益	311,064	0.9%
②　業務関連収益	15,181,617	41.9%
受取利息等	1,192,826	3.3%
資産売却益	3,776,720	10.4%
その他の業務関連収益	10,212,071	28.2%
経常収益合計　　　　　　　　　　B	36,259,421	100.0%
純経常費用（純行政コスト）　　A－B	766,539,774	

※　端数処理の関係で、合計が合わない場合がある。

4　財政の健全化
(1)　財政健全化への取組

バブル崩壊後の平成4（1992）年以降，国の経済対策に呼応して多くの地方自治体が公共事業を始めとした普通建設事業を実施し，建設地方債を発行してきた。これらに伴う公債費の増大がボディーブローのように効いてきたところへ，平成16（2004）年にはいわゆる「三位一体の改革」が断行された。税源移譲はあったものの，それを大きく上回る国庫支出金と地方交付税の削減が行われ，ほぼすべての地方自治体が財政上の窮地に陥った。資金がまわらなくなったのである。こうしたことから，多くの地方自治体で「財政健全化計画」や「財政運営方針」を定め，財政を健全化するための独自の取組を進めている。

広島県では

広島県の「中期財政運営方針（H28～32）」の概要
1　策定の趣旨

社会保障関係費の増加や，公債費の高止まり，土地造成事業会計及び港湾特別整備事業費特別会計（臨海土地造成事業）における資金不足への対応などがある中で，「ひろしま未来チャレンジビジョン」に掲げる「目指す姿」の実現を支えるとともに，将来において，様々な不透明な状況がある中においても，県勢の持続的な発展のため必要な政策的経費を安定して確保するため，この方針を策定

2　財政運営目標
- 経常収支比率を90％程度の水準に可能な限り近づける［フロー指標］
- 将来負担比率を220％程度に抑制［ストック指標］
- 実質的な県債残高を5年間で1,800億円程度縮減

3　財政運営方針
（歳出の取組）
■経営資源マネジメントの取組
　これまでの取組を深化させ，施策や事業等のプライオリティを踏まえた

経営資源のマネジメントを行うなど，新たな手法に取り組み，更なる選択と集中を図る

■公共事業費等

公共事業費の総額（一般財源ベース）について，平成 27（2015）年度と同額とし，平成 26（2014）年 8 月の広島市における大規模土砂災害に係る砂防事業等については別枠で予算を確保して集中的に取り組む

■人件費の適正管理

業務プロセスの再構築により，段階的な職員数の見直し等に取り組む

■債務処理に係る計画的な対応

後年度負担の平準化と計画的な債務処理の観点から，土地造成事業会計及び港湾特別整備事業費特別会計（臨海土地造成事業）の今後の資金不足額について，本格的な単年度資金不足が始まる平成 31 年度から計画的に基金への積立てを実施

■その他

事務事業の抜本的な見直し等に取り組む

（歳入の取組）

■あらゆる歳入確保に向けた取組

利用計画のない土地等の売払いや県税の徴収強化等を実施

■基金の活用

活用可能な基金の取崩し

（自立した財政運営に向けた取組）

■「課税自主権」の活用に向けた検討

公共サービスの向上等を目的として，「課税自主権」の活用を検討

本県の政策目的の達成に有効な税制上の特例措置の創設も併せて検討

■地方税財源の充実強化に向けた国への働きかけ

地方の必要な一般財源総額の確実な確保と臨時財政対策債による補てん措置の早期解消について国へ働きかけ

（財政運営上のリスクへの対応）

災害や金利上昇など，財政運営上のリスクに備えるため常に一定額以上の財源調整的基金の残高を確保

(2) 地方財政健全化法

　平成18（2006）年6月，北海道夕張市の財政が破たん状態にあることが明るみになった。第3セクターへの過剰な投資や不適切な会計処理で隠し続けてきた借金をチェックできなかったことなど，これまでの財政再建制度での事前チェックの限界などの問題点が次々と判明したのである。これを受けて「地方公共団体の財政の健全化に関する法律」が平成19（2007）年6月に成立し，平成21（2009）年4月から全面施行された。

　これまでの地方財政再建促進特別措置法と最も異なる点は，まず財政健全化の段階をイエローカードの「早期健全化」とレッドカードの「財政再生」の2つ段階を設けたことである。いわば早期発見，早期治療により瀕死の状況になる前に財政健全化を図ろうとするものである。また，普通会計のみでなく公営事業や地方三公社，第3セクターへ普通会計が今後負担する見込み額も健全化を判断するためのチェック事項とされた。

　図表5-3に掲げる4指標について，地方公共団体は，毎年公表することを義務付けられており，これらの基準を超えた場合，様々な制約を受けることとなる。財政再生団体になれば，実質的に国の管理下で財政再建を進めることとなる。

　平成26（2014）年度決算を対象とした基準では，財政再生団体は夕張市のみとなっている。また，同年度を対象とした基準での財政健全化団体はないが，地方財政健全化法施行後，財政健全化団体には，これまで大鰐町（青森県）など22の地方自治体が指定されている。

　アメリカ合衆国の制度では，連邦破産法に基づき，破産した地方自治体のデフォルト（債務不履行）や債務調整（債務の一部放棄など）が起こることが想定されており，カリフォルニア州オレンジ郡やデトロイト市で実際にそうした事態が起きている。しかし，我が国の地方自治体ではこのようなことが起きる可能性はほとんどないといっていい。地方財政健全化法により，財政状況のチェックが事前にかかることや，財政再生団体になった場合，再生振替特例債（赤字地方債）の発行が可能となり，事実上，国の管理下におかれるものの借金を返済できる仕組みが整備されているからである。また，こ

の仕組みが地方債の発行条件を安定化させているともいえる。

図表 5-3　地方財政健全化法の 4 指標

区分		早期健全化基準	財政再生基準
実質赤字比率	一般会計等の実質赤字の比率	都道府県：3.75% 市町村：財政規模に応じ 11.25 〜 15%	都道府県：5% 市町村：20%
連結実質赤字比率	全ての会計の実質赤字の比率	都道府県：8.75% 市町村：財政規模に応じ 16.25 〜 20%	都道府県：15% 市町村：30%
実質公債費比率	公債費及び公債費に準じた経費の比重を示す比率	都道府県：25% 市町村：25%	都道府県：35% 市町村：35%
将来負担比率	地方債残高のほか一般会計等が将来負担すべき実質的な負債を捉えた比率	都道府県：400% 政令市：400% 市町村：350%	—

コラム　予算型組織の弊害

　ドラッカーも，予算型組織の問題点について述べている。
　「公的機関も企業と同じように効率的にマネジメントすれば成果をあげられるとくどいほど言われてきた。間違いである。公的機関に欠けているものは，成果であって効率ではない」。ドラッカーは，公的機関と企業の基本的な違いは支払いの受け方にあるという。予算から支払いを受けることが成果と業績の意味を変える。予算型組織での成果とは，より多くの予算獲得であり，業績とは，予算を維持ないし増加させることである。
　したがって，成果という言葉の通常の意味，すなわち市場や社会への貢献は二義的となる。予算の獲得こそ，予算型組織の成果を測る第一の判定基準であり，存続のための第一の要件である。予算というのは，そもそもの性格からして，貢献ではなく目論見に関わるものである。
　より少ない予算やより少ない人間で成果をあげても，業績とはされず，逆に組織を危うくしかねない。使い切らなければ，次の年度には減らせるとまわりに思わせるだけである。
　「公的機関の原則は，現在行っていることは，永遠に続けるべきものではなく近いうちに廃業するべきもの，でなければならない」とも言う。

　（参考）「ドラッカー時代を超える言葉」上田惇生　ダイヤモンド社

第2節　新たな財務マネジメントの視点

1　管理会計

　会計は一般的に財務会計と管理会計に分類される。財務会計は法令等の裏付けのある制度会計で、会計基準に基づきステークホルダー（利害関係者）に公表する財務書類を作成するためのものである。業績の評価や、競合企業と比較するために活用され、どちらかといえば、いかに正確に作成するかに重点がある。国の基準に基づくバランスシートや行政コスト計算書などの財務書類は、この財務会計にあたる。

　一方、管理会計は経営に関する意思決定や業績管理を行うために使用される会計で、公表を前提としておらず統一的な基準もない。財務会計が外部に向かって説明するものであるのに対して、管理会計は内部に向かって説明するためのものである。

　地方自治体の実務に携わる人にとってはなじみの薄い言葉であるが、毎年、国へ提出している「地方財政状況調査表」、いわゆる「決算統計」をベースに独自の加工をして分析をしているとすれば、それは既に管理会計を取り入れているともいえる。

　バランスシートなどの財務会計を平成29（2017）年度までには統一基準モデルで作成、公表するよう国（総務省）から要請されているが、このことは、予算編成や中長期的な財政運営の方針などの意思決定を行うためのツールとして、それぞれの地方自治体で管理会計を充実させるチャンスである。

　固定費と変動費、直接費と間接費などに経費を分類し、限界費用（生産量の増加分1単位当たりの総費用の増加分）の算出や損益分岐点分析などにより、財務分析を行う、あるいはそれにより意思決定を行うことが、今後、地方自治体においても期待されている。

　平成23（2011）年度から広島県では行政コスト計算書を加工した独自の様式を作成し、財務分析を進めている。これを広島県庁内部では、マネジメント・アカウンティング（通称MA）と呼び、全庁的な取組となっている。人件費を含めたコストを事業別、施策別、部局別などに作成し、経年変化や他との

比較を行うのである。これらのデータを見ただけで直ちに何かがわかるわけではなく，施策マネジメントで用いている成果指標なども参照しながら，チェックをかけていくのである。例えば，コストが増加し続けているにもかかわらず，KPI[109]（重要業績評価指標）は横ばい，あるいは減少しているものなどをふるいにかけていく。様式や分析手法は発展途上の段階であるが，まさに意思決定のための内部管理の分析ツールとして活用が図られている。

109　KPI（重要業績評価指標）＝数々の財務数値と関係が深い重要な非財務の指標。例えば，営業利益を高めるために，新規顧客の開拓が重要な場合には，新規顧客訪問数，新規顧客数といった評価指標を定め，実績と比較しながら管理していく。西山茂［2008］「ビジネス・ファイナンス」東洋経済新報社

第5章　財務マネジメント

【広島県版管理会計の一例】

事業別行政コスト計算書　ワーク別整理表　　経28_02　　　　　（単位：千円）

分野	新たな経済成長	領域	産業人材・就労	取組の方向	28	働くことを希望する人の就労を支援します。		

	取組の方向に関係するワーク	H24 コスト【決算】				H25 コスト【決算】				H26 コスト【当初予算】				重点
		事業数	人件費	総コスト	純コスト	事業数	人件費	総コスト	純コスト	事業数	人件費	総コスト	純コスト	
01	相談窓口等による就業支援	5	97,172	116,582	95,474	5	97,188	116,866	98,516	5	82,748	98,606	89,096	
02	**職業訓練による就業支援**	2	111,683	798,948	112,923	2	103,488	732,428	101,578	2	109,647	841,327	108,955	
03	若者に対する就業支援	6	330,812	1,394,722	394,300	5	323,293	1,057,536	387,884	5	317,930	775,991	389,339	
04	女性に対する就業支援	9	31,907	205,899	169,531	6	14,986	95,941	70,393	8	54,381	135,937	109,552	
05	高齢者に対する就業支援	2	49,393	71,802	56,245	2	49,404	70,735	57,970	2	38,393	56,310	51,753	
06	障害者に対する就業支援	10	259,198	475,891	180,603	7	253,884	407,372	188,002	7	289,531	495,681	194,392	
07	＜農業＞新規就農者の確保	7	222,721	565,869	274,114	6	176,500	430,369	233,001	4	148,285	561,887	224,388	
08	＜林業＞林業労働力の確保	2	1,764	45,618	1,891	2	4,410	34,077	4,400	2	4,410	40,370	4,541	
09	＜水産業＞新規就業者の確保	3	72,316	89,456	72,387	2	70,552	73,187	71,604	2	70,552	81,214	79,545	
10	県における緊急雇用対策の実施	1	1,882	6,592	1,655	1	3,174	16,124	1,655	2	9,882	171,122	8,689	
11	市町における緊急雇用対策の実施	1	11,294	1,514,350	9,930	1	9,412	912,298	8,275	1	5,647	1,097,140	4,965	
	合計	48	1,190,142	5,285,729	1,369,053	39	1,106,291	3,946,533	1,223,278	40	1,131,406	4,355,785	1,265,215	

28_02	（H26/H24コスト比率）	人件費	(98.2%)	総コスト	(105.3%)	純コスト	(96.5%)
施策計	(H26/H24コスト比率)	人件費	(95.1%)	総コスト	(82.4%)	純コスト	(92.4%)

○目標・コスト

A

	目標・達成年度（上段）、内容・単位（下段）		H23実績	H24実績	H25目標→H25実績	H26目標	備考
1	施設内職業訓練修了者（離転職者）の就職率	27	60.3%【未達成】	65.7%【未達成】	75% → 73.3%【未達成】	80%	3年連続目標未達成
	85%	%					
2	施設内職業訓練（離転職者）の定員充足率	27	91%(H24)【なし】	98.8%(H25.4)前期【なし】	後期定員充足率100% → 90.6%【未達成】	平成26年度(後期)定員充足率100%	
	100%	1					

区分	事業数	人件費	(職員人役)	物件費	扶助費	補助費等	総コスト	純コスト	資源配分の方向性（案）
24決算		27,295	(2.90人)	63,651			90,946	55,824	○施設内の「職業訓練修了者（離転職者）の就職率」は、3年連続目標未達成の状況である。○職業能力開発校等における技能人材の育成については、本県中小企業等のイノベーション力の強化などにつながる高度で多彩な人材育成として必要であるが、定員充足率や訓練修了者の就職率が目標に到達していないなど、ニーズに合っていないことから、抜本的に取組を見直すべきではないか。
25決算		27,295	(2.90人)	57,512			84,807	52,755	
26計画		26,824	(2.85人)	68,131			94,955	57,650	
(H26/H24コスト比率)		人件費	(98.3%)		総コスト	(104.4%)	純コスト	(103.3%)	

B

	目標・達成年度（上段）、内容・単位（下段）		H23実績	H24実績	H25目標→H25実績	H26目標	備考
1	施設外職業訓練修了者（離転職者）の就職率	27	69.1%【未達成】	68.5%【未達成】	70% → 68.6%【未達成】	就職率70%	3年連続目標未達成
	70%	%					
2	施設外職業訓練（離転職者）の定員充足率	27	97.2%【なし】	95.8%【なし】	100% → 95.9%【未達成】	定員充足率100%	
	100%	1					

区分	事業数	人件費	(職員人役)	物件費	扶助費	補助費等	総コスト	純コスト	資源配分の方向性（案）
24決算		84,388	(6.90人)	623,614			708,002	57,099	○施設外の「職業訓練修了者（離転職者）の就職率」は、3年連続目標未達成の状況である。○職業能力開発校等における技能人材の育成については、本県中小企業等のイノベーション力の強化などにつながる高度で多彩な人材育成として必要であるが、定員充足率や訓練修了者の就職率が目標に到達していないなど、ニーズに合っていないことから、抜本的に取組を見直すべきではないか。
25決算		76,193	(5.90人)	571,428			647,621	48,823	
26計画		82,823	(6.20人)	613,847		49,702	746,372	51,305	
(H26/H24コスト比率)		人件費	(98.1%)		総コスト	(105.4%)	純コスト	(89.9%)	

○構成事業

ワーク番号	事業名等（重複ワーク）	活動指標	成果目標	区分	人件費	(職員人役)	物件費	扶助費	補助費等	総コスト	純コスト	備考
A	施設内職業訓練民間活力推進事業（一部国庫）　27.03	【H24】施設内離転職者訓練5科定員200人の充足　【H25, H26】定員　施設内離転職者訓練　H25:180名, H26:200名	【H24, H25, H26】・施設内修了者（新卒者）の就職率　修了者の就職率(H24:85, H25:75, H26:80)・定員充足率100%【H25成果：想定以下】	24決算	27,295	(2.90人)	63,651			90,946	55,824	
				25決算	27,295	(2.90人)	57,512			84,807	52,755	
				26計画	26,824	(2.85人)	68,131			94,955	57,650	
				(H26/H24コスト比率)	人件費	(98.3%)		総コスト	(104.4%)	純コスト	(103.3%)	
B	離転職者委託訓練事業（国庫）	【H24】訓練定員2,030人の充足　【H25, H26】定員　施設外離転職者訓練　H25:2,135人, H26:2,000人	【H24, H25, H26】・施設外修了者（離転職者）の就職率70%・定員充足率100%【H25成果：想定以下】	24決算	84,388	(6.90人)	623,614			708,002	57,099	
				25決算	76,193	(5.90人)	571,428			647,621	48,823	
				26計画	82,823	(6.20人)	613,847		49,702	746,372	51,305	
				(H26/H24コスト比率)	人件費	(98.1%)		総コスト	(105.4%)	純コスト	(89.9%)	

2 コスト評価

どの地方自治体でも事業担当部局が予算要求をするとき，あるいは財政担当部局が予算査定をするときには，様々な観点からコスト面でのチェックが行われる。ここでは，民間企業の発想や手法を一部取り入れたコスト評価の視点について紹介する。

(1) 費用対効果の妥当性

てっとり早く大づかみで費用対効果の妥当性を評価できる視点が「類似事例との比較」。当該地方自治体における過去の類似事業の事例，他の地方自治体や民間企業での先行事例や類似事例を確認することで，相場観はザックリとつかむことができる。

次に，KPI（重要業績評価指標）1単位当たりのコストを確認する方法がある。例えば，「Uターン就職者」を1人増加させるために，いくらコストをかけようとしているのか，つまり「Uターン就職者」1人当たりの「限界費用」の確認をし，他の同一目的の事業と比較して，チェックする方法である。これによれば，どの事業が最も効果的なのか一目瞭然となる。ただし，KPIを設定し，評価するという仕組みや習慣がその自治体に整っていなければ，この評価を行うことができないのは改めて言うまでもない。

このほか，初期投資と維持管理コストを耐用年数で割戻し，トータルのコストを1年間当たりで確認する方法がある。複数年かけて使用する施設や設備のコスト比較を行う場合には，この確認は，はずせない。

また，多くはないが，地方自治体が直接，投資や出資をする事業もある。こうした事業については，民間企業で投資判断をする際に使用されるNPV法（正味現在価値法）やIRR法（内部収益率法）による分析手法が有益である（図表5-4）。

図表 5-4　投資プロジェクト評価方法[110]

NPV 法（Net Present Value：正味現在価値法）
　ある事業投資のプロジェクトを実行すると現在価値でいくらもうかるのか，つまり儲けの大きさをもとに評価する方法。投資プロジェクトを行うことによる将来のフリーキャッシュフローの変化を予測し，その変化分をすべて現時点での価値に割り引いて置き直し，それを合計した金額で評価。
　　　　　NPV ＞ 0　実行する
　　　　　NPV ＜ 0　実行しない

IRR 法（Internal Rate of Return：内部収益率法）
　投資プロジェクトの全期間を通じて，平均で年率何％儲かるものかをもとに評価する方法。IRR の結果は，NPV 法による評価結果が「0」となる割引率と一致する。

(2)　**費用負担の妥当性**

　事業費用の負担が適切か，あるいは他から効果的に財源が調達できないかの確認である。

　まず，行政間での役割分担である。国，県，市町村それぞれの役割に基づいて，費用を分担できないか確認する必要がある。そのことで，それぞれの団体がより事業効果に見合った効率的な投資を行うことができる。

　次に受益者に応分の負担を求めているかの確認である。例えば，個人のスキルアップにつながる研修を実施する場合，受講者から応分の負担を求める必要はないか，確認しておく必要がある。研修などでは，受益者が一部負担することにより，逆に受講意欲が増す，あるいは意識の高い受講者が集まるという効果も考えられるのである。

　このほか，民間企業からの寄付，協賛金などによる支援は求められないかといったことも検討する必要がある。財源の確保という面のみでなく，寄付や協賛金を募ることで，例えばプロジェクトを地域全体で盛り上げていこうという気運が高まるという効果も考えられるからである。

110　西山　茂 [2008]「ビジネス・ファイナンス」東洋経済新報社

広島県では，予算編成の協議が始まる前に県庁内での周知を図るための文書を平成25（2013）年度から毎年通知している。事業の企画立案段階から全庁でコスト評価の視点を意識し，効率的，効果的に予算編成作業を行うためである。

広島県における「コスト評価の視点」（平成27（2015）年度通知）

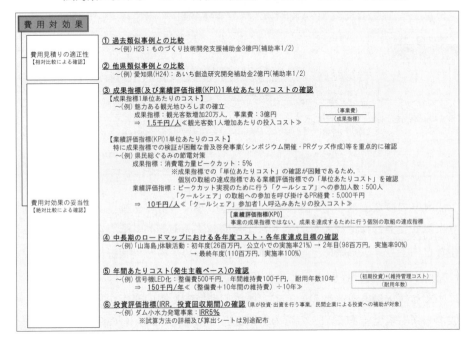

第5章　財務マネジメント

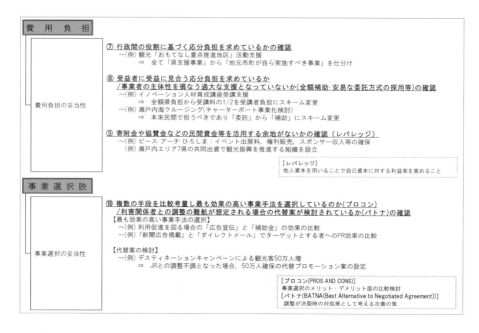

　広島県の産業団地の造成事業は，土地造成事業会計（企業会計）により，独立採算方式で経理を行っている。バブル崩壊後の地価の下落や景気低迷の長期化などにより，広島県の土地造成事業会計は極めて厳しい状況にあり，従来の「土地造成事業単独の収支見込み」による評価方法では新たな産業団地の造成は困難な状況にある。その一方で，産業や地域の振興の観点からの産業団地造成ニーズも根強くある。このため，広島県では地元市町からの応分の負担を求めるとともに，産業団地造成後の税収増見込みを含めた広義の収支見込みにより，新たな造成を行うかどうかの評価を平成27（2015）年度から行うこととした。市町から負担を求めるのは，市町においても固定資産税などの税収効果が見込まれることから，事業効果に見合った役割分担，リスク分散を図るためである。この新たな評価方法により様々な費用負担のシミュレーションを行い，広島県では8年ぶりに新たな産業団地造成に着手する方針を決定した。

3　経営資源の適正配分

(1)　クリティカルマス

コストは低ければ良いというものではない。また，成果が出なければすぐに打ち切ればよいというものでもない。図表 5-5 のとおり，事業には，ある程度まで資源を投入しないと効果が発現しない臨界点（クリティカルマス）というものがある。このクリティカルマスがどこなのかを見極めることは簡単ではないが，このクリティカルマスのことを意識していないと，成果が出る前に資源の投入をあきらめてしまう，あるいは初めから成果の出ない中途半端な予算を計上してしまうという残念な結果を生むことになる。地方自治体において施策や事業の実施規模を判断する場合や継続の有無を判断する場合にも，このことは十分頭に入れておく必要がある。

図表 5-5　クリティカルマス概念図

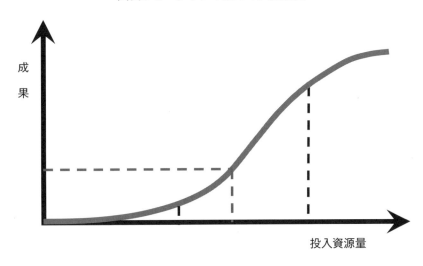

クリティカルマスの一例として広島県の観光政策を紹介する。広島県では観光振興に力を入れ，「おいしい！　広島県」をはじめとした観光プロモーション事業を全国展開するなど，平成 22（2010）年度から経営資源（予算額）の投入を倍増させた。最初の 2 年はなかなか結果が数字として現れなかったが，図表 5-6 のとおり，3 年目以降，総観光客数が急増するなど，大きな効

果が現れてきている。経営資源の投入を思い切って倍増させたこと，結果が出ないからと言って2年目であきらめなかったこと，まさにクリティカルマスを意識した経営判断の成果である。

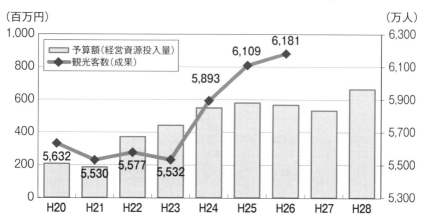

図表5-6　広島県の観光予算と総観光客数の推移

(2) リスクとリターン

　民間企業においても地方自治体においても，リスクのない100％成功する事業など基本的に存在しない。病院事業や交通事業など公営企業会計で経理をしている事業はもちろんのこと，通常の施策にもリスクはある。例えば，産業振興の補助金。そもそも融資などのようにお金が返ってくることは想定していないが，補助金に見合う成果が本当に生まれるのかどうかはリスクといえる。逆に補助金額以上の効果が地域全体に広がっていくという地方自治体にとっての大きなリターンがあるのかもしれない。リスクがない事業を選択するのではなく，常にリスクとリターンを念頭に置きながら事業を選択していくという姿勢が地方自治体においても必要である。リスクへの対応としては大事なのはオプションを用意することである。状況によっては，実施の時期を遅らせる「延期のオプション」，うまくいくと判断できるようになった段階で規模を拡大する「拡張のオプション」，仮に事業収支が悪化した場合は売却できるように準備をしておく「撤退のオプション」などの打ち手を

(3) 選択と集中

地方自治体の経営資源（人，金，時間など）は限られている。一方で地方自治体を取り巻く環境は激しく変化しており，新たな行政ニーズや課題が次から次へと生まれてくる。こうした状況の中で成果志向の自治体経営を行っていくためには，最重点とする施策，事業をあらかじめ定め，そこへ大胆に経営資源を投入していくことが必要である。すなわち成果を出すためには，クリティカルマスを意識し，イノベーションを起こす必要があるからである。その一方で，何をやめるか，「捨てる戦略」も必要となってくる。無駄なもの，所期の目的を果たしたもの，効果の薄いものをやめていくことは当然のことであるが，これからは，効果があっても優先度の低いものは，思い切ってやめていくという姿勢が求められる。地方自治体は地域住民の福祉の向上や安全・安心の確保を担っており，これまで実施してきた事業をやめることには様々な困難を伴うが，限られた経営資源の中で効率的・効果的かつ持続可能な財政運営を図っていくためには，避けて通れない道である。

重点的あるいは集中的に実施すべき施策や事業は，どこの地方自治体でも時間をかけて戦略を練っているが，「捨てる戦略」に時間をかけている地方自治体は少ない。広島県では，この「捨てる戦略」を主眼に平成25年度から経営資源マネジメント協議を実施している。無駄なものや不要なものを縮減・廃止することにとどまらず，必要であってもプライオリティ（優先度）の低いものは，ばっさりやめるという発想で協議を進めるのだ。思い切って廃止することに大きな抵抗や困難が待ち受けているものも多いが，重点的・集中的に実施するものがあれば，逆に廃止するものがなければ持続可能な財政運営ができないのは道理である。この経営資源マネジメント協議は発展途上の段階にあるが，広島県の「捨てる戦略」への挑戦は続く。

(4) ゼロ予算，レバレッジ予算

予算は目的を果たすためのコストである。予算を確保することが目的化し

てはならない。こうした考え方に基づけば，予算なしで目的を達することができるのであれば，それに越したことはない。例えば，企業と連携して防災体制を整える，子育てを支援する仕組みをつくる，あるいは専門技術を有する職員が出前講座の講師を務めるなど，予算がなくても施策の目的に向けてできることはたくさんある。予算がなければ打ち出しができない，対外的アピールができないといった「予算志向」の考え方は改めていかなければならない。厳密に言えば，人件費や事務費はかかるわけでコストが全くゼロでできるわけではないが，いわゆる事業予算がなくても，できることはたくさんある。

　また，自己資本以外の外部資金を活用する方法もおおいに検討すべきである。例えば，民間からの寄付を募って，公費投入額の2倍，3倍の規模で事業を実施できないか，あるいは同じ考え方を持つ地方自治体が資金を出し合うことで本来よりも数倍のスケールで事業展開できないかなど，いわゆるレバレッジをきかせた予算，事業を地方自治体でも積極的に検討していく必要がある。これには資金面だけでなく，地域の一体感や，地方自治体間の連帯感を促進させるという副次効果も期待され，新しい行政経営の形がそこから生まれていく可能性も秘めているのである。

　広島県では，平成27（2015）年度末で13の企業等と包括連携協定を締結している。このうち，ゼロ予算の一例としてカゴメ(株)との取組を紹介する。カゴメ(株)は広島県との包括連携協定を平成23（2011）年度に締結し，その後4か月間で集中的に「瀬戸内レモンミックス」（図表5-7）という商品を全国で1,600万本販売した。広島県はレモンの生産量が日本一であるが，この販売量は広島県産レモンの収穫量に換算すると年間収穫量の約4分の1に当たる規模である。広島県や瀬戸内地域の特産品であるレモンが大量に消費された直接効果はもちろんのこと，瀬戸内ブランドサイト（現在は，一般社団法人せとうち観光推進機構が管理）で，広島県を写真入りで紹介し，瀬戸内レモンの名を全国に知らしめた宣伝効果ははかりしれない。もちろん，これに係る事業費予算はゼロである。これを契機に他の企業からも瀬戸内レモン，広島レモンを冠に使用したデザート，飲料が続々と販売され，いまや

広島のブランド商品のひとつとなっているのである。

図表 5-7　瀬戸内レモンミックス

（注）　現在は一般社団法人せとうち観光推進機構所管

4　資金調達

(1)　地方債

　地方自治体の資金調達といえば地方債の発行である。世代間の公平性を図る観点から建設事業について耐用年数の期間内での起債の発行が認められている。借入先としては，大きく政府資金と民間資金があるが，民間資金の比重がどこの団体でも大きくなってきている。民間資金の場合，発行の条件は地方自治体が金融機関との交渉などにより任意に決めることができるが，変化の激しい今日，金利の動向をすべて読み切れるわけはなく，常にベストのタイミング，条件で発行することは困難である。国の金融緩和政策により，近年，低金利での発行が続いているが，償還期間や発行方法（市場公募債，銀行引受債），発行時期などについて様々な方法を組み合わせて，金利リスクを分散させておくことが地方自治体の資金調達においても極めて重要である。

広島県では，金融コンサルタントや大学教授，公認会計士など4名の外部委員と総務局（財政課），商工労働局，企業局，病院事業局，会計管理部の部長，課長などで構成する資金管理会議を設置している。この資金管理会議では，県庁での資金調達や資金運用の形態，期間，発行のタイミングなどの方針を決めるとともに，資金運用先金融機関に問題がないかどうかなどのリスク管理を様々な角度から行っている。

(2) 課税自主権

　忘れられがちであるが，地方自治体には課税自主権がある。もちろん，たばこ税や地方消費税など全国一律で税率が定められている一定税率のものもあるが，個人県民税などは地方自治体で独自の税率を定めることが可能である。法人県民税法人税割なども上限が定められてはいるが，標準税率を超えて課税することは可能であり，多くの地方自治体でこの超過課税は行われている。また，地方税法で定められている税目以外でも独自に条例で定めて課税することも可能であり，既にいくつかの地方自治体が産業廃棄物税や核燃料税などを法定外税として設定している。税負担に見合った行政サービスを提供するのであれば，地方独自の増税も住民の理解を得ることは十分可能であり，その選択肢を最初から除外する必要は全くない。厳しい財政状況が続く中，縮み志向に陥っている地方自治体も多い。課税自主権の活用による新たな施策展開を検討するなど，地方自治体も発想を大きく転換するときがきているのかもしれない。

図表 5-8　地方税の税率の種類　　※　総務省 HP 参照

種類		税目	
		道府県税	市町村税
一定税率		県民税（利子割，配当割，株式等譲渡所得割） 地方消費税，県たばこ税 自動車取得税，軽油引取税 鉱区税，狩猟税	市町村たばこ税 特別土地保有税 事業所税
標準税率	制限税率あり	県民税（法人　法人税割） 事業税（個人，法人） ゴルフ場利用税，自動車税	市町村民税（法人　均等割） 市町村民税（法人　法人税割） 軽自動車税，鉱産税
	制限税率なし	県民税（個人　均等割） 県民税（個人　所得割） 県民税（法人　均等割） 不動産取得税，固定資産税（県分）	市町村民税（個人　均等割） 市町村民税（個人　所得割） 固定資産税
任意税率	制限税率あり		都市計画税
	制限税率なし	水利地益税	水利地益税，共同施設税 宅地開発税
その他			入湯税
法定外税	普通税	核燃料税など	
	目的税	産業廃棄物税など	

コラム　事業仕分けでコストカット？

　コスト削減というとき，何番目かに頭に浮かぶ手法に，事業仕分けがある。
　国・地方自治体の財政状況が厳しい中，内部からでは様々なしがらみ等から抜本的な事業見直しが困難であるため，構想日本が平成14（2002）年に開始し，平成21（2009）年には流行語大賞にもノミネートされた事業仕分けは，外部視点による，行財政改革の有効なツールとして，全国各地で実施されてきた。
　事業仕分けは，「コストカットのためのツール」と見られがちであるが，本来は，事業の「目的」と「手段」の関係を見直し，効果的な事業のあり方，そして行政経営を目指す「事業最適化のツール」である。
　適切な対象事業選定，適正な外部仕分け人の選定，そして，単なるパフォーマンスに終わらせず，仕分け後の行政経営においてリーダーシップを発揮する首長の経営統治能力等なくしては，一過性の「お祭り」となってしまうことに留意する必要がある。

　（参考）「自治体の事業仕分け」滋賀大学事業仕分け研究会／構想日本　学陽書房

第6章
広報とコミュニケーション

第1節 戦略的広報
第2節 メディア戦略
第3節 コミュニケーション

> ## Point
> ▶情報を巡る環境の変化やまちづくりを進める上で益々重要になっている地方自治体の広報活動の最終的な目的は,「住民との良好なリレーション」を推進することであり,そのことを念頭に置いて,効果的な広報についての戦略や戦術を組み立てていくことが重要である。
> ▶そのためには,政策や施策について,住民の行政に対する評価や満足度を形成する上で欠かせない重要なテーマを選定して広報を優先順位付けすることによる効果の最大化や,広報手法や表現力などについてのブラッシュアップを図るメッセージコントロール,発信するコンセプトや形成されるイメージを強化していくための企画力の強化などにより広報の質を高めることが重要である。
> ▶また,地方自治体のトップがマスメディアを介して政策や施策を発信する定例会見の効果的な活用や,全国に地域の魅力や施策を効果的に発信するための首都圏広報,SNSなどの新たなタイプの媒体の効果的な活用等による広報媒体の拡充・強化など,メディア戦略の取組も重要である。
> ▶さらに,住民等との信頼関係を高めるための直接のコミュニケーション,広報効果の測定や発信情報に対する住民の受け止めやニーズの把握によるプロセスマネジメント(PDCA)にも積極的に取り組んでいくことが必要である。

第1節　戦略的広報

1　広報とは何か

　序章で述べたとおり,行政機関の目的は社会的価値の創出[111]にあり,この目的を達成するためには,社会,自治体であれば住民の理解と納得を得ることが必須である。そのためには常から住民との良好な関係を築いていく必要があり,

---

[111] 第1章第1節8

あらゆる手段を使って住民とのコミュニケーションを図る必要がある。これが，広報＝パブリック・リレーションズである。

S・M・カトリップは，「Effective Public Relations」（邦訳名「体系パブリック・リレーションズ」）で，パブリック・リレーションズを「組織体とその存続を左右するパブリックとの間に，相互に利益をもたらす関係性を構築し，維持するマネジメント機能である」と定義している[112]。

また，広報に関する様々な書籍において，広報とは，組織とそのステークホルダーとの関係を構築するための考え方や技術であり，お互いが信頼できる関係をつくり，維持していくための活動を目指すべきことを論じている。

このことを地方自治体に当てはめると，顧客であり株主でもある住民からの信頼や評価等をいかにして得て良好な関係を構築し，維持していくかということであり，そのために効果的な広報とはどうあるべきかといった観点から，具体的な戦略や戦術を組み立てていく必要がある。

一方，同じコミュニケーションでも，施策の効果を高めることを目的としたマーケティング戦略として，ターゲットを絞り込んだ上で行うコミュニケーションがあるが，広報の目的は，個々の施策の大前提である「住民との良好なリレーション」の推進であり，マーケティングにおけるコミュニケーションとは次元を異にするものの，両者は統一性を持って実行されるべきものである。

2　地方自治体における広報の重要性

このような広報の役割は，今日，次に述べるような観点から益々重要なものとなっている。

ひとつは，近年のインターネットの普及やブロードバンドの進展，放送の多チャンネル化などに伴い，日常において流通する情報量が年々飛躍的に増大しているという情報を巡る環境の変化である。

総務省の調査によると，1年間に情報の消費者に提供された選択可能な情報量は，平成8（1996）年度から18（2006）年度までの10年間で約530倍に

112　Scott M.Cutlip, Allen H.Center, Glen M.Broom【著】／日本広報学会【監修】「体系パブリック・リレーションズ」[2008]

第6章　広報とコミュニケーション

増加した一方で，実際に受け取り，消費された情報の総量は，同じ10年間で約65倍程度の伸びにとどまっている[113]。

また，その後の調査においても，流通する情報量は，消費される情報量を大きく上回って増加していることが報告されており[114]，増え続ける情報量に対して，受け手の情報処理が追い付かず，さらに，"自分に関係ない"と思った情報を遮断しようとする「情報バリア」というコミュニケーションの課題が生じていると言われている。

このように，大量の情報が溢れ，多くの情報が選択されることなく切り捨てられる中，ただ漫然と従来通りの情報発信を繰り返しているだけでは，必要なところに情報やメッセージを届けることは難しくなっている。

また，情報量の氾濫だけでなく，スマートフォンの普及などによる個人のインターネットアクセスの常態化や，ツイッターやフェイスブックなどに代表されるソーシャル・ネットワーキング・サービスの普及などに伴い，情報の拡散スピードや範囲も飛躍的に高まるとともに，情報の受け手がまた発信者として自身の評価も同時に発信していく，"口コミ"による情報拡散への影響も大きくなっている。

つまりインターネット上の情報発信が，日に日に生活においてより一般的な情報源として浸透し情報拡散の範囲とスピードを飛躍させるとともに，コミュニケーション・ツールとしても，事業の成否を左右し得る影響力をもってきている。

さらに，いわゆる成熟社会を迎え，人口減少という大きな課題に直面している時代の中で，地方自治体間競争や地域間競争という言葉に象徴されるように，地域の個性や強み，独自性をいかにまちづくりに活かして，地域内外の人々に生活する場所として選択してもらえるかは，今日，地方の自治体にとっては最重要課題ともいえ，地方自治体自身が目指すまちの姿や住民の生活，そのための政策や施策について発信するとともに，その魅力について，住民に対してだ

113　総務省[2008版]「情報流通センサス報告書」
114　情報通信政策研究所調査研究部「我が国の情報通信市場の実態と情報流通量の計量に関する調査研究結果（平成21年度）」

けでなく地域の内外にアピールしていくことが，まちづくりを進める上でも欠かせない時代になっている。

このような観点から，いかに効果的な広報を展開するかは，地方自治体にとっても経営上非常に重要な課題のひとつである。

3　広報活動のプロセス

個別の広報活動において，必要な情報（メッセージ）が確かに伝わるためには，どのようなことに力を入れるべきか。このことは，広報の基本的な機能としても要請されることであり，住民との関係を構築するための前提でもある。

この課題を検討する上で，基本的な広報の活動プロセスを整理すると，①発信すべき情報を整理し，②表現を整えた上で，③何らかの手段で住民に届けるという3つのプロセスが必要である。

本節では，①と②にあたる部分について，以下の細節で「広報の優先順位付け」「メッセージコントロール」「イメージの統一化」として，また，③にあたる部分について，第2節において「メディア戦略」として論述する。

さらに，メッセージ発信のプロセス強化だけではなく，対話関係の構築や情報の受け手の反応にも対応して，発信内容を，より受け手のニーズに即したものに発展させていく仕組みの構築なども，効果的に住民の行政に対する信頼度や満足度を高め，良好な関係を築いていくためには，重要な取組となるが，その点については，第3節「コミュニケーション」で論述する。

第6章　広報とコミュニケーション

広島県では

広島県の危機管理広報対応（クライシス・コミュニケーション）

　県民とのより良い信頼関係を構築する上で，例えば，県の施策に関連して発生した事件や事故，職員の不祥事など，県行政の信頼に影響する事案が発生した場合であっても，迅速で的確な報道対応が求められる。

　危機管理広報については，地方自治体においても職員の研修項目として多く取り入れられているが，広島県では，的確な危機管理広報対応を組織的に行うことを目的として，事案の発生から報道対応が終わるまでの一連の場面ごとに，押さえておくべき点や避けるべき留意点をまとめた「危機管理広報マニュアル」を策定して，全庁的に共有するとともに，記者対応を行う当事者である管理職を対象とした研修を定期的に実施している。

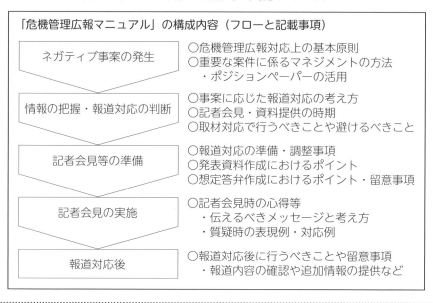

4　広報の優先順位付け

　地方自治体には，非常に多くの発信すべき情報が存在する。

　施策や事業についての活動情報だけでなく，民間にはない行政固有のものとして，条例や規則等法令の公布や選挙に関する情報，地域指定など法令の適用

や各種の行政計画・プランの策定，警報・注意報などの緊急情報，行政指導や行政処分，各種の統計や公的調査結果，議会や各種審議会の審議内容など，その公共性や公益性から公表・公開が必然となる情報が多岐にわたって存在し，日常的に発生している。

一例として，標準的な県でパブリシティとして記者クラブに対して資料提供する情報は，1年間に3,000件を超えているが，その全てが新聞・テレビ等において報道されているわけではない（図表6-3）。

また，パブリシティ以外にも，広報誌や広報番組などの自主広報媒体，イベント等によるキャンペーン企画などの広報手段があるが，そのリソースには限りがあり，現実には全てを発信情報に利用できる訳ではない。

こうしたことから，一律・均等の情報発信ではなく，多くの発信情報のなかでも「住民との良好なリレーション」を構築する上で重要な情報について，優先的に広報上のリソースを割り当てるなど，広報の優先順位付けによる効果の最大化が必要になる。

「2 自治体における広報の重要性」においても述べたとおり，地方自治体自身が目指すまちの姿や住民の生活，そのための政策や施策について発信するとともに，その魅力についてアピールしていくことが，まちづくりを進める上でも欠かせない時代になっている。

また，住民の立場からも，どのような暮らしやまちづくりを目指すのかのメッセージやその取組状況が，行政に対する評価や満足度を形成する上で欠かせない情報である。

このため，数あるテーマのうち住民の関心が高く，かつ，広く認識し，理解して欲しいテーマを「重点広報テーマ」として設定し，広報上の重要なメッセージとして取り上げ，住民に対して強調していく必要がある（図表6-1）。

その具体的な取組としては，パブリシティや自主広報媒体の積極的な利用のほか，キャンペーンなどの広報企画や計画段階からの指導支援，後述するメッセージコントロールなどにより，広報部門がテーマに関する施策を所管するセクションの広報活動を重点的に支援する体制をとることも検討に値する。

図表 6-1　広島県における重点広報テーマ（平成 26（2014）年度）

テーマタイトル	設定の趣旨
がん対策日本一	県民の死因の第1位であるがんに対して，より質の高い医療の提供や，検診による早期発見などの対策を総合的に進めることに対する理解とともに，がん検診の受診など，対策に必要な行動を促す。
ひろしまファミリー夢プラン	「家族で住むならこのまちで！」と選ばれるファミリーフレンドリーな魅力あふれる広島県をめざして，結婚から妊娠・出産，子育て，女性の活躍を総合的に進めていることの理解を高めるとともに支援制度の利用を促す。
国際平和拠点ひろしま構想の推進	世界で最初の被爆地として，核兵器のない平和な国際社会の実現に向け取り組むことへの理解を促し，国際平和実現のための取組や広島が果たすべき役割をまとめた「国際平和拠点ひろしま構想」の推進を図る。
中山間地域の振興	県土の保全や農林水産物の供給など多面的かつ公益的機能を有している中山間地域の振興に，多様な主体が連携して取り組み，豊かで持続可能な県民共通の財産として，その価値を将来に引き継いでいくことの意義を広く県民に理解してもらう。
イノベーション立県の実現	これまでの発想や手法にとらわれることなく，新しいアイデアで，モノや情報，仕組みなどを組み合わせることにより，これまでのものづくり産業の強みを活かし，新しい産業が生まれ育ち，県を支えていく新たな活力となることを目指す産業政策についての理解とともに，促進施策に対する県民の呼応を促す。

広島県では

重点広報テーマにおける成果指標の設定

　広島県では，重点広報テーマにかかる広報の成果指標として，テーマについての県民の認知度，理解度を設定し，インターネット調査により定期的に把握し，プロセスマネジメント（PDCA）に活用している。

テーマ	認知度・理解度 （H27年2月調査）	目標水準	目標水準の考え方・設定の趣旨
がん対策日本一	認知度：75.5% 理解度：51.0%	理解度：50%	がん対策目標水準（検診受診率50%）を踏まえ，40～60代（がん検診受診対象者）の8割相当が理解

ひろしまファミリー夢プラン	認知度：52.0% 理解度：25.2%	理解度：40%	子育て世代(25～44歳)の県民が施策を理解
国際平和拠点構想の推進	認知度：57.8% 理解度：26.6%	理解度：40%	認知度が相当程度(60%程度)に達したことから構想についての理解度の向上を段階的に目標設定
中山間地域の振興	認知度：33.8% 理解度：13.1%	認知度：60%	国際平和拠点構想並の認知度を設定
イノベーション立県の推進	認知度：36.6% 理解度：14.0%	認知度：50%	第2次・第3次産業従事者の相当程度(60%)が県の産業施策を認知

5 メッセージコントロール

　地方自治体には，行政固有のものも含めて，外部に発信・公表される情報が数多くあるが，それらの全てが新聞やテレビなどのマスメディアに取り上げられ報道されているわけではない。しかし一方で，住民との間で"良好なリレーション"を構築するために，単に発信するだけでなく，"認識し理解してもらえる"ように"伝えること"や"伝わること"に優先的に取り組むべき情報やメッセージがあり，そのために果たす広報の役割が重要になっていることを，これまでに説明してきた。

　一般的にマスメディアに取り上げられるための要素，すなわちパブリシティの素材に求められる要素としては，公共性（普遍性）や社会性（社会の関心が高いこと）のほかに，新奇性や先駆性（初めてのことや画期的なこと），意外性や話題性，独自性・独創性，記録性や著名性などといったことが唱えられており，総じて視聴者や読者が受け入れ，支持してくれるような有益な情報であると，メディア側が判断できるものかどうかがポイントとなる。

　なお，正確性や真実性は言うまでもなく必須であるが，地方自治体の情報発信は，従来，多くの場合正確性には意が払われるものの，情報の受け手の「AIDMA[115]」に訴えるための工夫や努力にまでは及んでいなかった嫌いがあり，そういった点では，受け手に情報が伝わり，受け取ってもらうための努力が民

115　Attention（注意），Interest（関心），Desire（欲求），Memory（記憶），Action（行動）の頭文字をとったもので，広告宣伝に対する消費者の心理のプロセスを示した略語

間と比較して十分とは言えなかった面があると思われる。

　また，インターネットの普及等により情報取得の環境が大きく変化し，消費行動モデルについても，「AIDMA」のうち「Desire」と「Memory」を「Search（検索）」に置き換え，「Action」の後に「Share（共有）」が追加された「AISAS」といったことが唱えられており，本章の冒頭にも述べた「情報バリア」が存在する一方で，評価された情報については，瞬く間にシェアされ拡散されるなど，広報のコンテンツとしての質を如何にして高めるかが問われる時代になっている。

　こうした課題への対応として，各広報の企画から実施までの一連のプロセスを対象に，より広報効果の高い手法，表現となるようブラッシュアップを図ることが必要であり，例えば庁内の各課が行う事業の広報内容を広報部門がチェックし，アドバイスを行うなど，専門的な観点からのメッセージコントロールに組織的に取り組むことが重要である。

　メッセージコントロールにあたっては，民間における広報業務に精通し，経験が豊富な外部の専門的人材を広報部門に配置し，指導・アドバイザー役として活用すると，次のような効果や利点がある。

- ・専門的なノウハウを直接活用できるので，表現力を高める上で即効性があり，また，広報部門がその機能を持つことにより，効率的に庁内全体の主要な施策に関する広報の質の向上に取り組むことができる。
（広島県では「広報コンサルティングによる効果」参照）
- ・観光キャンペーンなどの大規模な企画においては，外部人材の豊富なメディア経験や人脈・ネットワークも活用するなどにより，内部での検討段階から効果的なアイデア出しや質の高いコンテンツの企画が期待できる。
（広島県では「クリエイティブ先行型の観光キャンペーン『おしい！　広島県』」，「インパクト重視のがん検診啓発」参照）
- ・さらに，外部人材の人脈・ネットワークを活かして，民間の広報企画とのコラボレーションやタイアップ案件を誘致するなど，効果的な広報機会の拡大も期待できる。
（広島県では「映画『ももへの手紙』とのタイアップ」参照）

> **コラム　企画の基本「見えるひと言」**
>
> 　企画とは，頭に浮かんだアイデアを言語化したものである。アイデアを端的なことばで表したのが，企画を実現するための「ひと言」であり，企画を採用する人や企画にかかわる人が「見えること」が第一条件である。
> 　平均で約60億円の予算が投入されるハリウッド映画であっても，「ワンライン（＝ひと言）でいうとどんな映画？」に「見える」答えがなされなければ，ヒットどころか，実現すらしないのである。
> 　ちなみに，そのひと言をさらにブラッシュアップし，ターゲットに向けて，コンセプトをズバリ鋭く伝えるのが「キャッチコピー」である。
>
> 　事例①　西武百貨店
> 　　　　　ひと言 ⇒ モノを売るデパートから，生活の提案をするデパートへ
> 　　　　　キャッチコピー ⇒ おいしい生活
> 　事例②　旭山動物園
> 　　　　　ひと言 ⇒ 形態展示から，行動展示へ
> 　　　　　キャッチコピー ⇒ 伝えるのは，命の輝き
>
> （参考）「企画は，ひと言。」石田章洋　日本能率協会マネジメントセンター

第6章　広報とコミュニケーション

広島県では

広報コンサルティングによる効果

広島県の広報課が各課への広報コンサルティングとして専門的人材の指導・支援を受けて表現力の向上に取り組んだ案件は，平成23（2011）〜26（2014）年度の4年間で延868事業ある。そのうちの効果を主な類型別に整理すると次のとおりとなる。

①広報ターゲットの見直し
事業の目的に照らして，より効果的なターゲットに見直すケース。
例）・肝炎ウイルス検査の受診啓発で，同検査を検査項目に入れていない企業が多いことから，ターゲットを県民から企業に変更
　　・県立病院の利用に係る広報において，県立病院の役割を踏まえて，ターゲットを県民から，医療機関に変更
　　・自殺防止の広報において，ターゲットを本人から周辺家族へ変更

②広報手法の最適化
ターゲットや目的に応じ，媒体や素材の選択など手法を最適化するケース。
例）・転職フェアの周知方法を，チラシの一般配布から，人材紹介会社からターゲットへのダイレクトメールに変更
　　・エコ団地分譲広告の掲載先を，一般経済誌から産廃関係業界紙に変更
　　・県民が対象の場合には，SNSやデジタルサイネージ等を追加して発信チャンネルを補強

③アイキャッチを高めるデザイン性の向上
チラシやポスターなど，イラストや写真を用いてデザイン性を高めるケース。
例）イメージ

④伝わる広報を意識した表現力の向上

　伝えたいメッセージが的確に伝わるよう，キャッチコピー・配置場所・色・フォント等について，表現力の向上を図るケース。

　例）

「公衆トイレですら話題にしたい。～広島県」

　公衆トイレを題材にした建築学生向けの設計コンペを実施する際の募集告知において，キャッチコピーを考案しポスターに使用

「おもいきって1.8倍！」

　空港アクセスバスの試験増便の告知において，便数が増えたことを強調するキャッチコピーを考案しポスター等に使用

広島県では

クリエイティブ先行型の観光キャンペーン『おしい！　広島県』

　平成24（2012）年3月27日に始まった広島県の観光キャンペーン「おしい！　広島県」は，「おしい！」という自虐的な表現が関心を呼び，プロモーションビデオの視聴回数は89万回を超え，ホームページへのアクセスは1,089万件超，各種のメディアで取り上げられ，露出の広告換算額は2年間で32億円を超えるなどの反響を得るとともに，キャッチコピーはGoogle年間検索ランキング2012地域別（広島県）第1位，またプロモーションビデオ「おしい！　広島県　THE MOVIE」はYahoo! 映像トピックスアワード2012総合第4位，芸能界・エンタメ部門第1位などの評価を受けた。

　このキャンペーンの計画に当たっては，テレビ局などのメディア側が取材して取り上げ，拡散していくことを狙いとして，あくまで企画のおもしろさで話題をつくることを主眼として企画重視で検討を進める方針とされた。

　このため，通常は，企画のクリエイティブな部分の作業も含め媒体とセットで，広告代理店等に委託発注するところ，著名な実績をもつクリエイターの指導のもとで基本的な企画案を先行して練った上で，キャンペーンの展開や媒体の計画を発注するという企画重視，企画先行型の契約プロセスとなった。

（参考）「おしい！広島県の作り方」
　　　　樫野孝人　カナリア書房

広島県では

インパクト重視のがん検診啓発

　がん検診の受診を啓発するキャンペーンの計画にあたり，県民の目にとまり，危機意識をあおるようなインパクトの強いメッセージを発信することを狙いとして，広報企画を検討。

　その結果，デーモン閣下に「広島県民よ！まだ受けておらぬのか。がん検診」と叱ってもらうことにより興味を喚起するアイデアを企画。

　このキャンペーンは，メディアにも広く話題として取り上げられ，デーモン閣下のニュース番組への出演や，プロ野球公式戦（広島東洋カープ戦）の始球式への登場など，当初の計画以上の展開につながり，重点広報テーマであるがん対策についての認知度は，27.1％（平成24年2月）から77.9％（平成25年2月）に大幅上昇した。

がん検診　啓発ポスター

第6章　広報とコミュニケーション

広島県では

アニメ映画『ももへの手紙』とのタイアップ

　平成24（2012）年4月に公開されたアニメーション映画「ももへの手紙」の舞台である架空の島「汐島」のモデルとなった瀬戸内海の広島県側にある大崎下島は、島全体にみかんの段々畑があり、かつて潮待ち、風待ちの港として栄えた面影をしのぶ街並みが残る御手洗地区など、見どころが豊富な瀬戸内の観光地である。

　広島県は、映画の舞台をめぐるガイドマップや観光ウェブサイト「もも旅」の立ち上げ、大崎下島の実景とアニメの風景を重ね合わせるCM制作など、映画の舞台としての大崎下島や瀬戸内海の魅力を発信するタイアップ企画を展開した。

　発売された「ももへの手紙」のDVDには、このCMが収録され、「映画を見るなら『ももへの手紙』。旅をするなら"瀬戸内ひろしま、宝しま"」という声優のナレーションで、県の観光ブランドコンセプトのメッセージを発信している。

配給：角川映画　ⓒ2012
「ももへの手紙」制作委員会

6　イメージの統一化

　イメージ[116]は、デザインや色彩などの視覚だけでなく、言葉やメッセージ、歌や楽曲、五感による複合的な感覚など、あらゆる知覚やその積み重ねによって形成される。

　すべての情報発信は何らかのイメージを形成する要素を持つが、特にイメージの効果を積極的に利用する広報としては、ロゴやマーク、キャッチコピー、

116　イメージ（心的イメージ）は、一般的には、実際の刺激入力の無い状態での類知覚的体験として定義されているが、ここでは、広報における役割や効果を論ずる上で、物事あるいは発信メッセージに対する「心象」や「印象」といった意味で用いる。

イメージソングやイメージキャラクターなどさまざまな手法やテクニックがある。

　また，イメージを構成する事象の規模や範囲も様々で，チラシやポスターなど単一の広告物，一連の情報発信へのストーリー性の付与や，イベントにおけるコンセプトの定義，産品のブランディングやシティ・プロモーションによるブランド構築など，さまざまなレベルでの活用が考えられる。

　イメージによる効果としては，発信情報を，注意を引きやすい，受け入れやすい，覚えやすいなど，印象づけることについての効果だけでなく，広報メッセージや発信コンセプトを象徴するものとして，高い訴求力が期待できる。

　また，強いイメージであるほど，イメージに対する反応や感想がさらに媒体となって拡散し，広範囲に浸透していくことが期待でき，その結果，イメージから想起されるメッセージや価値観が広い範囲で共有されることとなる。

　このため，より高い広報効果を上げるためには，広報物の単一の印象付けにとどまらず，より次元の高いメッセージや共感性の高い価値観を共有できるイメージを形成，発信していくことが必要となる。

　このことを，行政情報の発信に当てはめた場合，単一の広告物を同一の事業での発信イメージに，個別の事業イメージを上位の施策メッセージとしてのイメージに統一するなど，個別の情報発信が形成するイメージをより高い次元でのイメージ形成となるよう統一化していくことが必要になる。

　また，参加型のイベントでは，より広い範囲で受け入れられ，共有されるイメージの構築が参加への訴求力に少なからず影響を与える。

　こうした取組を進めるには，情報を発信する段階になってからの検討ではなく，初期の検討段階である，事業を企画する段階や施策を検討する段階において，広報効果を睨んだイメージやコンセプト，メッセージを練っておくことが必要で，マーケティング的な視点での事業の企画・検討が重要になってくる。

第6章 広報とコミュニケーション

広島県では

地域住民参加型の観光プロモーションイベント
瀬戸内しま博覧会「瀬戸内しまのわ2014」

　「瀬戸内しまのわ2014」は，広島県10市町と愛媛県3市町の島嶼部及び臨海部を舞台として，平成26（2014）年3月21日〜10月26日までの約7か月で広島県と愛媛県が共同開催した観光振興・地域振興イベント。

　開催にあたっては，県域・市町域を越えて瀬戸内海でつながった広域のネットワークを構築し，地域の人々が主体となった豊かな地域づくりを目指すこととし，デザインコンセプト，キャッチコピーに「島の輪がつながる。人の和でつなげる。」と設定。

　このコンセプトに基づき，地域の住民が主体的に企画・実施するイベントも，「しまのわ」のイベントとして位置づけ，企画段階から支援するとともに，イベント終了後も継続して，コンセプトが活かせるよう参加者の交流会を開催。

　「瀬戸内しまのわ2014」を構成するイベントは，主催者開催のほかに，民間企画イベント272件などにより，合わせて418イベントが開催され，多くのイベントが"しまのわ"イベントとしてマスメディアに取り上げられたことにより，広島県民の「瀬戸内しまのわ2014」に対する認知度は高いものになるとともに，イベントの対前年来場者増加数も目標（80万人）を大きく上回る211万人となった（報道等を広告換算額に置き直した宣伝の効果額は，約60億円）。

　また，外部の評価（2014年度グッドデザイン・地域づくりデザイン賞受賞）としても，次のような評価を得ている。
・非常に広いエリアの住民の意識を一つに繋げ一体的なイベントを実践した。
・地元と地元，来訪者それぞれが新鮮な魅力を再発見する仕組みを作り出した。
・マップやグッズづくりなどイベント終了後も自然と持続継続するプログラムとなっている。

○「瀬戸内しまのわ2014」広報宣伝効果
（単位：百万円）

テレビ	ラジオ	新聞	雑誌	合計
4,920	115	591	397	6,023

※瀬戸内しま博覧会「瀬戸内しまのわ2014」実行委員会事務局の集計による。

○「瀬戸内しまのわ2014」の県民の認知度

H26.9調査	65.7%

※広島県広報課調べによる。

第2節　メディア戦略

1　定例会見

日常生活においては，インターネットの浸透は大きいものの，依然としてテレビや新聞等のマスメディアが主な情報取得先として大きなウエイトを占めている（図表6-2）。

図表6-2　様々な生活情報の入手先についてのアンケート結果

生活情報の入手先	回答数	構成比
テレビ	1,293	24.0%
新聞	929	17.2%
ラジオ	133	2.5%
小計	2,355	43.7%
インターネット	1,571	29.1%
フェイスブックなどのSNS	192	3.6%
小計	1,763	32.7%
口コミや店頭情報	439	8.1%
雑誌，書籍，タウン誌等	367	6.8%
折込チラシ，ダイレクトメール	470	8.7%
合計	5,394	100.0%

（出典）平成26年度県民意識調査結果（広島県広報課）より集計

また，ニュース報道等は，CMや広告とは違い，報道機関により評価・選択された情報として，視聴者や読者の信頼度・期待度が高い。

そうした点から，マスメディアに対するパブリシティ活動は，大きな効果が期待できる広報手段である。

地方自治体においては，大手新聞社や地元主要メディア，テレビ局や通信社などにより構成される記者クラブがその施設内に設置されて，記者会見や資料提供の窓口となっているほか，定例会見として，定期的に自治体トップと記者との間で会見が行われている。

メディア・リレーションについてのこのような環境は，民間の個別の経営体

においては見られないもので，特に定例会見は，地方自治体のトップによる情報発信であるため，記者からの注目度も高く，地方自治体のパブリシティ活動にとって有力な発信手段である（図表6-3）。

　定例会見は，地方自治体のトップが直接記者に対して発表内容を説明するとともに，質疑を通じて記者と対話をすることから，マスメディアを介して，重要な施策についての方針やねらい，施策の進捗や成果などを住民に発信する場としての位置づけに適しており，そうした特性を充分に発揮できるように，発信内容や表現，付加情報や発表のタイミングなどを検討・整理していくことが肝要である。

　そのためには，能動的に施策方針の動向や施策の成果，主要事業の進捗等の情報を把握するとともに，社会やメディア側の関心の動向も踏まえ，発表の内容や時期等を検討・計画し，必要に応じて調整する仕組みや関係局と連携する体制が必要である。

　こうした考え方に基づき，定例会見で効果的に政策メッセージを発信するため，広報部門が経営企画部門と連携して，各主要事業の進捗状況等を把握するとともに，会見ごとの発表項目の選定やタイミング等について，経営的な視点からも評価・検討を行うことが重要となる。

図表6-3　広島県における記者クラブへの資料提供件数と報道率

	平成22	うち定例会見	平成23	うち定例会見	平成24	うち定例会見	平成25	うち定例会見	平成26	うち定例会見
①資料提供件数	3,225	70	3,117	69	3,090	67	3,304	42	3,072	46
②報道件数	1,107	62	1,355	60	1,320	63	1,570	42	1,381	45
報道率①／②(%)	34.3%	88.6%	43.5%	87.0%	42.7%	94.0%	47.5%	100.0%	45.0%	97.8%

2　首都圏広報

　地方の自治体において，地域の名産や観光地，大規模なイベントや観光キャンペーン，さらには暮らす場所やまちとしての魅力など，その地域の魅力をいかにして全国にアピールし，全国的な関心や認知度を高めていくかは，観光や

移住などの施策成果をあげる上で、重要な広報上の課題である。

　また、自分の住む地域の魅力等が全国的に取り上げられ、その存在感（プレゼンス）が高まることは、そこに暮らす住民としての活力やモチベーション、満足度の向上につながり、また、そこに訪れてみたい、住んでみたい人の増加も期待できる。

　しかしながら、全国に行き届くような情報の流れは、首都圏を中心に発信され、各地域に拡散していくのが主な趨勢で、地方から直接全国に拡散していく情報の流れは、ほとんどないといってもよい。

　例えば、テレビでは、全国番組は首都圏に拠点をおくキー局を中心に番組が編成・配信され、新聞報道（全国紙）においても全国版の紙面の情報量が大きく、地方の情報が全国版で取り上げられる機会は多くない。また、多くの雑誌や書籍なども制作の拠点は首都圏にある。

　さらに、観光や移住施策等のターゲットエリアとしても首都圏は重要である。

　こうしたことを踏まえると、首都圏のメディアをターゲットに、その地域の魅力に関する情報が全国に発信されるよう直接に広報活動を展開していくこと（首都圏広報）は、広報上の重要な戦略であると言える。

　具体的な取組としては、首都圏において編集や制作・企画に携わっているメディア関係者を直接のターゲットとして、地域の魅力や情報について取り上げてもらうための働きかけを、様々な機会を捉えてのPR、情報提供、制作に必要な素材の提供や取材協力などにより展開するといったことが考えられる。

　こうした取組手法の、メリットや効果等としては、次の点が挙げられる。

・取材への協力や素材提供などによる働きかけは、発信機会の確実性には劣るものの、全国的な番組や紙面であることから費用対効果が高い。
・活動の結果として、首都圏のメディア関係者個々人の関心や認知度が高まることにより、発信する地域に関する情報への感度があがり、その後も取り上げられる機会が多くなることが期待できる。
・また、首都圏広報活動により形成された、首都圏のメディア関係者とのリレーションを、その後のキャンペーンやプロモーション実施においても活用し、広報効果を高めることが期待できる。

広島県では

広告換算額—首都圏広報の成果指標—

広告換算額とは、メディア側の自主的な企画により掲載・放送された場合に、その記事や放送を広告主として誌面を買い取り、又はテレビ放映したときに要する経費を算出したもので、PR活動の成果を計る指標としてPR業界では一般的に用いられている。

広島県では、観光情報や施策等、広島県の認知度を高める主要な情報が、首都圏のメディアにおいて発信された場合の広告換算額を、首都圏広報の成果指標としている。

首都圏のメディアが発信した広島県に関する情報の広告換算額と件数の動向は、下表1のとおりであるが、同じ期間における観光客数の動向としては、関東エリアからの広島県への観光客数の増加率が大きく（下表2）、同じ時期に実施した観光プロモーション「おしい！広島県」（平成24（2012）年3月開始）の効果とも相まって、首都圏広報の取組も観光客数の増加に寄与できたものと分析している。

1 首都圏メディアが発信した広島県に関する情報の広告換算額と件数の動向

区分	①平成23	②平成25	増加数(②-①)	増加割合(②/①)
広告換算額(億円)	25	274	249	1096.0%
件数	220	4,651	4,431	2114.1%

2 広島県へのエリア別県外観光客数の動向

区分	①平成23	②平成25	増加数(②-①)	増加率(%;②/①)
関東	507	643	136	126.8%
近畿	575	596	21	103.7%
その他	1,383	1,448	65	104.7%
合計(万人)	2,465	2,687	222	109.0%

参考：広島県の総観光客数の動向

	①平成23	②平成25	増加数(②-①)	増加率(%;②/①)
総観光客数(万人)	5,532	6,109	577	110.4%

3　広報媒体の拡充・強化

　テレビや新聞・雑誌の広告枠などの「ペイドメディア（買うメディア）」を利用すれば，コストをかけるほど，広報媒体の拡充・強化は可能であるが，費用対効果の面からは問題が生じる。このため，既に所有している広報媒体（オウンドメディア）の効果（発信力）をいかに高めるか，また，効果的な広報媒体をいかに低コストで獲得していくかが，広報媒体を拡充・強化する上で重要な視点となる。

　インターネットの普及が進んだ今日，ホームページは，非常に多くの発信情報を有している地方自治体にとって欠かせない主要な広報媒体となっている。

　また，ホームページによる情報発信は，その特性として，情報の受け手が能動的に閲覧することを前提としているため，求める情報へ容易にたどり着けること，検索性の良さや識別性の高さが，媒体としての効果を左右することになる。

　加えて，利用者にとっては，特定のホームページ自体がインターネット上の膨大な情報の一片にすぎず，ホームページ内だけでなく，ホームページ外からも必要とする情報へ辿り着きやすくすることや，必要な情報の存在を認識してもらうための工夫が必要になってくる（図表6-4）。

図表6-4　ホームページのリニューアル内容の特徴（広島県）

〜平成24年全国広報コンクール総務大臣賞受賞

1　**求める情報ページに辿り着きやすくするための工夫** 　○情報ページを括るカテゴリーの再整理（7分類→10分類） 　　〜　社会的関心が高い重点施策などを大括り化 　　　「くらし・環境」「防災・安全」「観光・文化」「子育て・教育」「平和・国際」 　○サイトマップ（検索機能）の充実 　　〜　従来の「カテゴリ（分類）別」「組織別」により探す機能に加え，「申請・手続き」「助成金・補助金」「イベント・講座・募集」「条例・制度」などといった目的（12種類）により情報ページを絞り込む機能を追加 2　**注目すべき情報を，より分かりやすくするための工夫** 　○トップページにローテーションバナーを導入 　　〜　一押し情報を動的に表示することにより，よりビジュアルに情報提供

○アクセスベスト5の掲示
～　アクセス数が多い上位5件の項目をトップページにランキング表示し，注目度の高いページへはトップページからワンクリックでアクセス可能とした。
3　より多様なアクセスニーズに応えるための工夫
○英語，中国語（簡体字，繁体字），韓国語に対応した外国語サイトを構築
○スマートフォン向けの表示に対応

（総務大臣賞受賞理由）
　各種の申請や手続き方法について目的別の検索機能が便利である。関連情報へのリンクがわかりやすく使いやすい等

　また，ホームページの運用においては，アクセス数の多いページや検索キーワードの動向などをもとに関心の高い情報やキーワードを把握し，ページ作成等に活かしたり，ツイッターやフェイスブックでリンク付きの情報を発信したりするなど，情報ページへの誘導等に取り組むことも重要である（図表6-5）。

図表6-5　広島県ホームページのページビュー数の動向

	平成23年 7～12月	平成24年 1～6月	平成24年 7～12月	平成25年 1～6月	平成25年 7～12月	平成26年 1～6月	平成26年 7～12月	平成27年 1～6月
月あたりの平均ページビュー数(万件)	638	717	748	1,010	1,055	1,226	1,363	1,431
平成23年7～12月を100とした指数	(100)	(112)	(117)	(158)	(165)	(192)	(214)	(224)

　次に，ツイッターやフェイスブックなどは，導入コストはかからないものの，他のメディアとは大きく異なる特性を踏まえる必要がある。
　すなわち，インターネット上のコミュニケーション・ツールとして，受け取った情報に反応して自らも発信し，「リツイート」や「いいね！」の数などにより反応の大きさがリアルタイムで共有される媒体であるため，伝播する範囲やスピードが，個々の発信情報の評価（「リツイート」，投稿への「いいね！」）

や発信者としての信頼性（フォロワー数，アカウントへの「いいね！」数）に大きく左右される。

　このような特性は，「ペイドメディア（広告枠などの買うメディア）」や「オウンドメディア（ホームページなどの所有するメディア）」に対して，信頼や評判を獲得する「アーンドメディア（得るメディア）」と言われ，新しいタイプのマーケティングチャンネルとしても位置付けられている。

　これらの運用上，共通する課題は，個々の情報発信活動によりいかにフォロワー等を増やし，発信者としての信頼や評価を得ていくかである。

　このためターゲット層の興味や関心に即した話題や表現，発信タイミングなどについて，共感を高めるための絶え間ないきめ細やかな発信努力が必要であるが，多くのフォロワー等が獲得できた場合には，広い範囲にわたって速やかに共感が得られる強力な媒体となる。

　また，地方自治体においては，各種の警報や災害に関する情報など，緊急情報の素早い拡散にも適した機能を有するが，共感を獲得するメディアであるため，"伝える"だけではなく，観光地としての魅力を形成・共有したり，ブランドイメージを形成したりするなどのターゲット層の反応や情報・意見などを取り込んでいく施策にも適したメディアである。

> **コラム　対話するマーケティング**
>
> 　日産自動車は，平成6（1994）年，RV車「ラシーン」を発売するに当たり，これまでの形にとらわれない新しいものというイメージをつくり出そうとした。その一環として，究極の口コミュニケーション，ファンづくりによる販売促進のための情報ネットワーク「ラシーン・フォーラム」を開設した。
> 　形としては日産自動車の協賛のもとでの運営となっているが，実際には，同社の商品計画部員がシステム・オペレータとなり，サブ・システム・オペレータが2名，このほかは，一個人としての日産の社員も含め，会社員など一般参加者である。
> 　始めてみると，情報発信媒体という当初の目論見はいい意味で裏切られ，双方向性のある媒体となり，参加者の会話の中で，これはというものは，商品企画，商品計画，開発部門に回されていったのである。
> 　これからの企業に求められるものは，企業と顧客・取引先・投資家そして社会との間のインタラクティブなコミュニケーションであり，「マーケティング・アズ・コミュニケーション」の実践の中にこそ，企業の長期的存続という目標達成の可能性が秘められているのである。
>
> （参考）「マーケティング戦略」和田充夫ほか　有斐閣

　次に，地方自治体における新たなメディア獲得の視点として，民間企業等のCSR活動との連携が挙げられる。

　民間企業においては，様々な形で社会貢献や地域貢献に取り組み，企業体としての社会的信頼性や容認性を高めていくCSR活動が活発になっており，こうした面からの民間企業との連携により，例えばスーパーマーケットやコンビニエンス・ストアなどの店舗等においてポスター掲示や広報誌・チラシの配布，銀行等の店頭に設置してあるデジタルサイネージ[117]の利用など，住民の生活との接点が多い場所での情報発信や，包装紙へのキャンペーンメッセージやデザインの印刷，イベントスペースとしての協力などといった広報媒体の拡充が考えられる。

117　屋外や店頭などに設置された液晶ディスプレイなどの映像表示装置

広島県では

民間企業との包括連携協定等による県政情報の発信

広島県では，CSR活動との連携による県民サービスの向上やさらなる地域の活性化を目的として，民間企業等との包括連携協定に取り組んでいる。

包括連携協定では，地方自治体と企業が相互の連携を強化して県民サービスの向上と地域の活性化を図ることを目標とし，締結企業の協力が活かせる連携分野を掲げて双方で協議の上，具体的な取組内容を検討し実施していくこととしているが，県政情報の発信も主な連携分野のひとつとして位置づけている。

また，銀行等へも協力を働きかけ，店頭のデジタルサイネージを広報媒体として利用している。

○包括連携協定締結状況（広島県）

協定締結企業等（平成27年度末現在）		主な連携分野
コンビニ	㈱セブン-イレブン・ジャパン，㈱ファミリーマート，㈱ローソン，㈱ポプラ	①県産品の販売促進 ②県政情報の発信，観光振興 ③地域防災 ④地域の安全・安心 ⑤環境対策・リサイクル ⑥子育て支援・青少年育成 ⑦高齢者支援・障害者支援 ⑧健康増進・食育 ⑨教育・文化の振興 ⑩その他，県民サービスの向上・地域社会の活性化
百貨店・スーパー	㈱福屋，㈱イズミ，イオン㈱	
メーカー	カゴメ㈱，ポッカサッポロフード＆ビバレッジ㈱，サッポロホールディングス㈱，アヲハタ㈱，大塚製薬㈱	
その他	西日本高速道路㈱，国立大学法人一橋大学	

○チラシ配布やデジタルサイネージ利用等に係る協力店舗数（広島県）

1　県政情報ラック　チラシ配架店舗数

	セブンイレブン	ファミリーマート	ローソン	ポプラ	イズミ	イオン	福屋	合計
店舗数	448	210	184	293	28	31	2	1,196
(うち県外)		10		193				203

2　デジタルサイネージ利用店数

	広島銀行	もみじ銀行	合計
支店数	134	103	237

第3節　コミュニケーション

1　県政コミュニケーションの充実

　相互の理解や信頼に欠けるときの主な原因としても挙げられるように，コミュニケーションは信頼関係を築く上での前提となるリレーション作用である。

　対話や会話はコミュニケーションの基礎とも言われるように，コミュニケーションを図っていくためには，一方的な情報やメッセージの伝達による「言いっぱなし（一方向）」でなく，「語り合う関係（双方向）」を構築していくことが重要である。

　また，メディアを通じた「バーチャル」なコミュニケーションが主流の時代だけに，直接触れ合う「リアル」な場の大切さは却って増大してきているといえる。

　では，組織体である地方自治体と，集合体としての住民との間で，このような「双方向」で「リアル」なコミュニケーション効果を高めていくためには，どのような条件や要素が重要になるだろうか。

　ひとつには，地方自治体を代表するトップ（首長）の，住民と対話する姿勢が重要である。トップの姿勢は，そのまま組織の姿勢としてイメージされる影響力を持っており，コミュニケーション上の重要な要素として捉える必要がある。

　また，コミュニケーションに参加する住民にとっては，自身が主体的に語ることができるようなテーマの設定や進行の工夫も重要であり，地方自治体のトップへ自らの思いを伝え，受け止めてもらうプロセスが大事である。

　さらに，地方自治体とのコミュニケーションについて住民同士が共有し，交流する場を設定することや，コミュニケーション活動の状況やその内容を広く二次発信し，参加の機会が得られない住民に対して周知をしっかりと図っていくことも，重要な取組となる。

広島県では

県政知事懇談会「地域の宝チャレンジ・トーク」

　広島県における県政知事懇談は，地域で活躍する県民及びその活動が，広島県にとって宝であり，めざす広島県の姿を築いていく原動力であるというコンセプトに立ち，

- ・県民の活動現場に知事が直接訪れ，活動への思いを聞き，語り合う。
- ・地域で様々な課題に取り組んでいる（＝チャレンジしている）県民がその取組について，来場の住民に発表し，知事がコーディネーターとなって，地域の方々と共有する。
- ・地域の若者の，地域に対する思いや将来に向けた夢を発表してもらい，知事及び地域住民で共有する。
- ・知事及び現場訪問先・発表者間での意見交換，交流を図る。

といった構成で，市町単位での開催を基本として，2年間で全市町を巡るペースで開催している。

平成26（2014）年度末までの県政知事懇談会開催状況

年度	名　　称	回数	来場者	事例発表者	現場訪問
平成21～平成22	湯﨑英彦の宝さがし	23（市町）	約1,420名	237名	77箇所
平成23	湯﨑英彦の宝さがし－未来チャレンジ・トーク	8（ブロック）	約1,490名	69名	－
平成24～平成25	湯﨑英彦の地域の宝チャレンジ・トーク	23（市町）	約3,500名	164名	49箇所
平成26～	湯﨑英彦の地域の宝チャレンジ・トーク	9（市町）	約1,270名	49名	20箇所
合計		63	約7,680名	519名	146箇所

　また，地域住民の立場だけではなく，事業の対象であったり，協働する関係にあったりするなど，施策に関与する立場にある者とのコミュニケーションを充実させていくことも，関係者の施策についての理解を深め，より高い参画意識や主体性の発揮につながるなど，施策効果を高める上でも有効である。

第6章　広報とコミュニケーション

広島県では

施策関係者とのコミュニケーション

　広島県では，被虐待児童の保護・支援等に取り組む団体，ドクターヘリ運行関係者，「海外物産展」参加企業・団体など，県の施策現場の第一線で活躍する方と知事が意見交換をし，施策を通じた関係者とのコミュニケーションを図っている。

年度	平成23	平成24	平成25	平成26	合計
開催回数	10	10	10	8	38
参加者数	57名	59名	54名	45名	215名

2　広報効果の確認と県民ニーズの把握

　個人と個人の間であれば，コミュニケーションの手法として，互いの反応を踏まえて直接の会話や対話を重ねることにより，互いの考えやニーズを受け止め，よりよい関係を築いていくことが可能である。

　しかし，組織体である地方自治体と，集合体である住民との間においては，例えば県政知事懇談会のように，直接コミュニケーションを図る手法は限られるため，大多数の住民と直接のコミュニケーションを図ることは困難である。

　一方で，地方自治体では，住民に向けた多くの情報が日常的に発信されていることから，多くの県民にとって，それらの発信情報が「言いっぱなし」になってしまう恐れがある。

　そこで，住民が地方自治体の日常的な発信情報をどのように受け止め，どのように思っているかを，いかにして把握し，さらに発信内容を県民のニーズに即したものに発展させていくかが重要な課題となる。

　そのためには，「情報バリア」のように，関係がないと思う情報を自ら遮断してしまうような行動特性も指摘されており，実際に県民に情報がどの程度伝わっているのか，広報効果の確認も必要になる。

　また，地方自治体と住民との間には，マスメディアによるニュース報道が介

在しており，住民にとって大きな情報源となっていること（図表6-2）から，新聞やテレビなどの報道がどのような情報を選択し，どのように伝えているのかといったことも，住民に対する広報効果を確認する上で無視できない要素となる。

こうしたことへの対応としては，例えばインターネット調査などの活用により，住民の地方自治体情報への受け止めや地方自治体の分野別の情報についての認知度，評価度，要望度等を把握し，分析の上，広報効果や県民の関心動向等を踏まえて，より住民のニーズや意向に即した情報発信となるよう取り組むといったことが考えられる（図表6-7）。

また，新聞及びテレビの県政情報に関する報道については，報道された内容，件数，時間数等をモニタリングし，メディア全体としてどのような情報を取り上げているかの動向を把握・分析することにより，メディア側の関心を踏まえるなど，より効果的な発信に向けたPDCAを回していくことも考慮に入れる必要がある（図表6-6）。

図表6-6　報道のモニタリングと広報効果の確認概念図

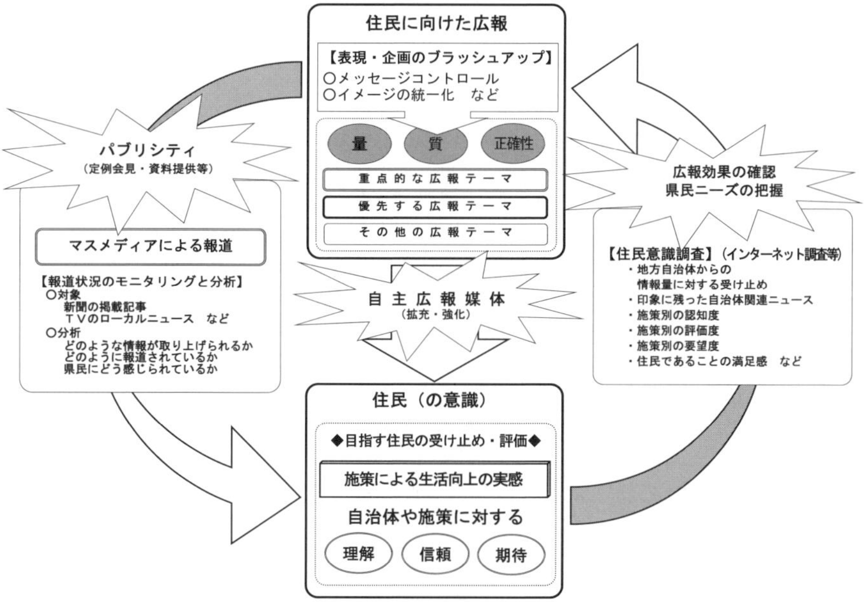

広島県では

県民意識調査による優先広報テーマの設定と効果検証
1 優先広報テーマの設定
　広島県では，県の主要施策を24の分野に分類し，県民1,000人を対象に，インターネット調査により施策分野ごとの認知度，評価度，要望度（注）を把握し，分析結果を次のとおり評価した（平成25（2013）年8月調査）。
　○施策の認知度に対する評価度の割合（約9割）は高く，分野ごとに見ても大きなバラツキは見られない。
　　（＝どの分野でも認知度が上がれば同じ割合で評価度は上昇すると考えられる。）
　○認知度と要望度の相関は一定ではなく分野別にバラツキがある。
　そして，そのことから，施策に対する要望度が高く認知度が低い分野について優先して認知度を上げることにより，評価度も効果的に高めることが期待でき，全体として県施策に対する満足感の上昇にも効果的に寄与できると仮説を立て，要望度が高く認知度が低い分野から優先広報テーマを設定し，広報番組や広報誌などの広報リソースを優先的に割り当てる方針とした。
（図表6－7「県民意識調査における県施策の認知度と要望度の関係」参照）
　（注）　県民1,000人を対象に，24の分野ごとに具体的施策について知っているか，知っている場合評価しているか，施策を積極的に取り組んで欲しいと思っているかを尋ね，それぞれポジティブな回答の数を，認知度，評価度，要望度としている。

2 優先広報テーマ設定の効果検証
　同様の調査を，1年半後の平成27（2015）年2月に行った結果との比較は次のとおりであり，優先広報テーマの認知度・評価度は，全体の中で高い上昇率となり，施策全体の認知度・評価度の上昇に大きく寄与できたと分析している。

（県民意識調査における認知度と評価度の動向）

	①H 25.8 調査		②H 27.2 調査		②－①		②÷① (%)	
	認知度	評価度	認知度	評価度	認知度	評価度	認知度	評価度
24分野合計	2,569	2,294	3,105	2,673	536	379	121%	117%
(うち優先広報テーマ)	(923)	(801)	(1,335)	(1,130)	(412)	(329)	(145%)	(141%)

（評価）
・主要施策に対する認知度は全体で536ポイント（21%）上昇したが，そのうち優先広報テーマは412ポイント（45%）の上昇であった。
・評価度については，379ポイント（17%）上昇し，そのうち優先広報テーマは，329ポイント（41%）の上昇であった。

第3節 コミュニケーション

図表6-7　県民意識調査（H25.8）における県施策の認知度と要望度の関係

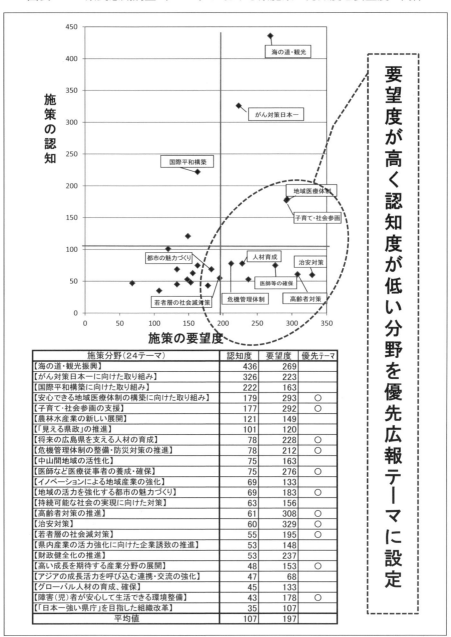

おわりに

　これまで取り組んできたことをまとめればいいんだから…そう促されて始めた執筆でした。行政内部の意思決定のため，あるいは，県民の皆様に何かを伝えるために，日頃から文章を書き，資料をまとめるのは"慣れているはず"でもありました。それなのに，筆が止まり，悩んでいる時間が何と長かったことでしょう。

　しかし，私たちが向き合ってきたこと，これを体系的にまとめて，改めて全ての同僚職員と共有したい，あるいは，各地で同じ悩みを抱える同業者の皆様にもお伝えしたい，こうした思いで，何とか発行にこぎつけることができました。

　「はじめに」にもありますが，広島県の"成果志向の行政経営"に向けた挑戦は，まだまだ続いています。しかも，ひと通り形になった仕組みや手法の残された課題を解決し，更にブラッシュアップする，より困難なステージに入っています。引き続き，職員一丸となって，成果を志向し，変革を追求し続けたいと思います。

　最後に，刊行にあたり，経営学の御専門の立場から構成や内容等について御助言をいただいた瓜生原葉子先生，島田智明先生，出島誠之さん，また，これまで本県の施策展開やマネジメントの在り方に御助言をいただいているお立場から，御意見をいただいた内田和成先生，辻琢也先生に心から厚くお礼申し上げます。また，先駆的な取組の端緒を開かれた田邉昌彦さん，栗栖恭三さん，木村富美さん，出原充浩さん，石濱真さん，植野文貴さん，梅田真紀さん，清水沙綾香さん，倉田浩誠さん，若林千弘さん，文章の修正等で大変お世話になった株式会社ぎょうせいの皆様にも，改めてお礼申し上げます。

広島県マネジメント研究会

石井　昌博　　伊達　英一
岡田　浩二　　内藤　和弘
川口　一成　　増井　博文
川野　真澄　　守田　利貴
新宅　郁子　　山根　健嗣
杉山　亮一

索　引

[あ]

AIDMA ……………73, 104 〜 107, 227, 228
AISAS ………………………………… 228
IRR 法 ……………………………… 207, 208
アーリーアダプター ……………… 77, 101
アーリーマジョリティー …………… 77
アーンド メディア ………………… 243
アドバンテージ・マトリクス … 13, 73, 89, 90
アンゾフ・マトリクス ……… 73, 80, 81

[い]

イノベーション … 15, 19, 20, 29, 39, 137
イノベーター ……………………… 77, 100
インセンティブ …………………… 149
インターナル・コミュニケーション… 21

[え]

MBO（目標管理）………………… 164
NPV 法 …………………………… 207, 208

[お]

オウンド メディア ……………… 241, 243
オペレーション …………………… 60

[か]

仮説構築 …………………………… 62
仮説思考 …………………………… 70
価値アラインメントシステム … 29, 150, 151
価値観 ……… 2, 20, 22, 25, 27, 28, 31, 60
価値規範 …………………………… 166
課題の抽出 ………………………… 66

会計年度独立の原則 …………… 192, 193
階層 ……………………………… 124, 139
外部環境 ………………………… 62, 65
官僚制 ……… 122 〜 124, 126, 134, 137
環境分析 ………………………… 73, 74
管理会計 ………………………… 204

[き]

基本理念 ………………… 34, 37, 40, 61
機能別組織 ……………………… 126, 127
競争戦略ポジショニング …… 13, 73, 93
行政コスト計算書 ………… 197, 199, 204
行政マネジメント ……………… 15, 19
行政経営 ………………………… 19

[く]

クライシス・コミュニケーション …… 224
クリティカルマス ……… 20, 29, 211, 213
グローバル化新局面 ……………… 35
クロスファンクショナル・チーム …… 134

[け]

KPI ……………………………… 205, 207
経営資源 …10, 13, 60, 76, 154 〜 156, 211
経営資源マネジメント …… 20, 138, 200, 213
経営手法 ………………………… 2, 3
経営戦略 ……………… 13, 73, 140, 158
経営理念 ……… 24 〜 26, 122, 144 〜 148, 158
県民起点 ………………… 26, 28, 29, 148
現金主義会計 …………… 192, 196, 197
現場主義 ………………… 26, 28, 148

253

索 引

[こ]

コスト評価 …………………… 207, 209
コミュニケーション …… 2, 21, 163, 168, 220〜223, 242
コンテクストマップ ………………… 74
コンピテンシー …… 161, 164, 165, 172, 173, 182, 187〜189
コンピテンシーモデル ………… 172, 173
顧客 …… 2, 6, 8, 13, 14, 17, 18, 20, 24, 34, 76, 79, 164
顧客価値の創出 ………………… 2, 15, 26
顧客志向 …………………… 15, 28, 29
公共の利益 …………………… 4, 5, 25
広域事務 ……………………………… 10
広告換算額 ………………………… 240
行動基準 ……………………………… 2, 20
行動規範 ……………………………… 31
行動指針 …………………………… 21, 27
行動理念 …… 2, 26, 27, 31, 146, 147, 166, 188
広報 ………………………… 221, 223, 224
合成の誤謬 …………………………… 5, 6

[さ]

360度評価 ………………………… 170
3C ………………………… 13, 76, 78
財務マネジメント ……… 2, 20, 189, 204

[し]

シーリング方式 ……………… 193, 194
ジョブローテーション ……… 185, 186
使命 ………………… 24, 25, 27, 60
市場の失敗 …………………………… 5
指定管理者制度 …………………… 16
指標 ………………………………… 18, 20

資源 ……………………… 138, 156
資源管理 ………………………… 195
資源配分 …………… 20, 137, 138, 195
事業プラン説明書 ……………… 116
事業戦略 ………………………… 2, 20, 84
事業部制組織 ……………… 126, 127
自治事務 ………………………… 11
執行モニタリング …… 112, 113, 115, 117
実行 …………………………… 60, 61
実行計画 ……………………… 62, 71
実績評価 ………………………… 166
社会的価値の創出 … 2, 5, 6, 8, 10, 18, 40
社是 …………………………… 25
首都圏広報 ……………… 238〜240
重点化 …………………………… 13
情報バリア ……………… 222, 228
職能別組織 ……………………… 126
人員配置 ………………… 163, 178
人口ビジョン ……………………… 35
人口減少 ……………………… 35, 37
人材フロー ……………… 177, 178
人材フローマネジメント ………… 177
人材ポートフォリオ …… 156〜158, 160, 161, 187, 188
人材マネジメント … 21, 138, 154〜161, 164, 165, 170, 177, 179
人事評価 ………………… 21, 163, 165

[す]

SMART ………………………… 64
SWOT ………………… 13, 65, 66, 73, 79
ステークホルダー ………… 17, 24, 25
ストラテジー ……………………… 60
スピード …………………………… 31

索　引

［せ］

「瀬戸内」海の道 ………… 62〜67, 70, 71
セグメンテーション ……………… 73, 98
セグメント …………… 82, 99, 100〜102
施策マネジメント ……………… 138, 205
施策マネジメントシステム ………… 111
成果 … 29, 64, 109, 138, 160, 163, 192, 196
成果マネジメントシート …………… 165
成果志向 …… 15, 26, 29, 30, 111, 139, 154, 159, 160, 169, 170, 173, 181
成果目標 ………………………………… 113
政策評価制度 …………………………… 16
戦術 ……………………………………… 60
戦略 ……… 60, 61, 74〜76, 122, 138, 157
戦略策定 …………… 60〜62, 73, 138, 195
戦略的事業単位（ワーク） …… 41〜43, 139
選択と集中 ……………………… 13, 20, 213
全社戦略 …………………………… 73, 80

［そ］

組織マネジメント ……………… 126, 177
組織運営 ……………… 139, 140, 145, 147
組織構造 …… 10, 29, 122, 126〜128, 136, 140, 143〜145
組織風土 ………………………………… 159
組織文化 … 29, 122, 143〜146, 159, 196
総計予算主義の原則 ………………… 192

［た］

ターゲティング …………………… 73, 99
タクティクス …………………………… 60
多面評価 ………………………………… 170
卓越 …………………………………… 28, 30
担当課長制 …………………………… 130

［ち］

（ひろしま未来）チャレンジビジョン
　　………………………… 35, 37〜39, 43
チャレンジャー ……………………… 100
チーズのスライス …………………… 194
チーム制 ……………………………… 131
地方自治体 …… 7, 10, 14, 16, 24〜26, 30, 34

［と］

トップマネジメント … 21, 112, 122, 126, 139〜141
都市と自然の近接ライフ …………… 39
東京一極集中の加速化 ……………… 35
統治法人 ………………………………… 9
特別会計 ……………………………… 192
独立行政法人 ………………………… 16

［な］

内部環境 ……………………… 60, 65, 79

［に］

NPM …………………………………… 15
ニッチャー …………………………… 100
任用 …………………………………… 21

［ね］

年俸制度 ……………………………… 160

［の］

能力開発 ………………………… 163, 185

［は］

パイプライン ………… 73, 104〜106
パフォーマンス・マネジメント …… 157

パブリシティ …………103, 104, 225, 227
パブリック・リレーションズ ……… 221
バランスシート ………… 197, 198, 204
バリュー… 24 〜 29, 31, 60, 73, 109, 145,
　　150, 154, 158, 159, 163, 180
バリューチェーン ………… 13, 73, 88, 89
発生主義会計 ………… 192, 196, 197

[ひ]

PDCA ………20, 42, 43, 60, 110, 111, 122,
　　138, 150, 166, 170
PFI ……………………………………… 16
ヒエラルキー ……………… 123, 131, 137
ビジョン … 2, 24, 26, 34, 40 〜 43, 60, 61,
　　73, 158, 161, 170
ヒューマン・リソース・システム …… 163
広島県職員の行動理念…………26, 27, 31,
　　146, 168, 188

[ふ]

5F（ファイブ・フォース）… 13, 73, 84, 85,
　　86
PPM（プロダクト・ポートフォリオ・
　　マトリクス）………………73, 82 〜 84
ファミリー・フレンドリー ………… 39
フォロワー……………………………… 100
プライス戦略 ………………… 102, 103
フラット化………………………… 136, 137
プレイス（チャネル）戦略 … 102, 103
フレームワーク … 13, 60, 73, 76, 83, 85,
　　88 〜 90, 94, 103
プロジェクト・チーム（PT）… 132, 134,
　　135
プロジェクト・マネジメント ……… 189
プロダクト戦略 ……………………… 102

プロモーション ………………… 103 〜 107
プロモーション戦略………… 102, 103
不等価交換制度 …………………………… 10

[へ]

PEST 分析…………………………… 73 〜 75
ペイドメディア ……………… 241, 243
ベストプラクティス …………… 147, 148

[ほ]

ポジショニング ………13, 73, 93, 98, 100
補完事務………………………………… 10
法定受託事務 ………………………… 11

[ま]

マーケティング …… 2, 17, 21, 63, 73, 77,
　　87, 98, 104, 108, 221, 235
マーケティング・ミックス（4P）…… 73,
　　98, 102
マイナスシーリング ……………… 194
マイルストン ……………… 113, 117
マジョリティー ……………………… 77
マトリックス組織 ……………… 127, 129
マネジメント …2, 10, 16, 17, 21, 30, 112,
　　140, 141, 154 〜 156, 158, 170, 177,
　　178, 188, 189, 201
マネジメント・アカウンティング
　　（MA）…………………………… 204

[み]

3つの視座 ……… 26 〜 30, 109, 166, 168
3つの心掛け………………… 27, 28, 30
ミッション……… 24 〜 27, 31, 42, 60, 73,
　　130 〜 132, 138, 145, 150, 159, 174,
　　181, 182, 185, 187

ミッションステートメント ………… 145
ミドルマネジメント …… 21, 122, 139～141, 147
ミニマム ……………………… 2, 5～7

[め]

メッセージコントロール …… 220, 223, 225, 227, 228

[も]

モチベーション ……… 149, 150, 157, 160
モニタリング ……………… 111, 115, 249
目的（領域，目標）の設定 …… 62, 63
目標管理… 21, 29, 150, 151, 159, 164～166, 188
目標管理・評価システム …… 159, 165, 170, 172
目標申告制度 ………………… 165, 166
目論見書 ……………………………… 71
問題の構造化 ………………… 60～62

[ゆ]

優先化 …………………………………… 13

[よ]

4C ……………………………………… 76
4P …………………………………… 63, 98
予算志向から成果志向…… 26, 28～30, 109, 148, 192, 196
予算単一主義の原則 ………………… 192
欲求理論 ……………………………… 149

[ら]

ラガード ……………………………… 77
リーダー ……………………………… 100

リーダーシップ ………… 28, 31, 188, 189
リスク評価マップ …………………… 74
リソース …………… 2, 18, 20, 60, 83, 225
領域選択 ……………………………… 13

[れ]

レートマジョリティー ……………… 77
レバレッジ ……………………… 213, 214
レビュー ……………………… 2, 20, 109
連絡調整事務 ………………………… 10

[ろ]

ロジャースの普及曲線 ……… 73, 77, 100

[わ]

ワーク（戦略的事業単位） …… 41～43, 130, 131, 139
ワーク別管理シート ………………… 44

しごとの「強化」書──成果志向の行政経営

平成28年 8 月 1 日	第 1 刷発行
平成29年 2 月14日	第 3 刷発行

　　編　著　　広島県マネジメント研究会
　　監　修　　湯﨑　英彦
　　発　行　　株式会社　ぎょうせい

〒136-8575　東京都江東区新木場 1 - 18 - 11
　　　　　電話　編集　03 - 6892 - 6508
　　　　　　　　営業　03 - 6892 - 6666
　　　　　　フリーコール　0120 - 953 - 431
　　　　　URL:https://gyosei.jp

印刷　ぎょうせいデジタル株式会社　　Ⓒ2016 Printed in Japan
※乱丁、落丁本はお取り替えいたします。
ISBN978 - 4 - 324 - 10144 - 5
(5108245 - 00 - 000)
〔略号：しごと強化〕